Ich kann's!

3. Klasse

Deutsch

Jessica Neugebauer

mentor
Eine Klasse besser.

Die Autorin:
Jessica Neugebauer ist als Gemeinschaftsschullehrerin in Schleswig-Holstein tätig und verfügt über langjährige Erfahrung im Anfangsunterricht Deutsch und Mathematik.
Sie hat bereits an der Produktion mehrerer Lernhilfen für unterschiedliche Jahrgangsstufen mitgewirkt.

Produktion:
akapit Verlagsservice

Illustrationen:
Irmtraud Guhe

Layout und Satz:
Marie Piel (für akapit Verlagsservice)

Bildnachweis:
FOTOLIA

www.mentor.de

Umwelthinweis: Gedruckt auf chlorfrei gebleichtem Papier.

Druck: Druckerei A. Plenk, Berchtesgaden
Bindung: Kolibri Industrielle Buchbinderei GmbH, Schwabmünchen
Printed in Germany

ISBN 978-3-580-63769-9

09010

Liebe/r ______________________!

Super, dass du auch nach der Schule noch ein wenig für das Fach Deutsch üben möchtest! Nimm dir für den Anfang nicht zu viel vor, denn dann verlierst du schnell die Lust.
Wenn du am Tag eine bis zwei Seiten bearbeitest, ist das völlig in Ordnung. Am Wochenende kannst du dir ruhig freinehmen.
Jedes Kapitel besteht aus den Bereichen „Verstehen" (blauer Randbalken), „Üben" (orangener Randbalken) und „Testen" (grüner Randbalken).

Im Buch wirst du auch **Merkkästen** finden, in denen das Wichtigste zusammengefasst wird. Es könnte dir helfen, den Inhalt dieser Kästen in ein Heft abzuschreiben, damit du immer nachsehen kannst, wenn dir etwas nicht einfällt.

Bei dem Stern findest du immer Tipps und wichtige Informationen, wenn etwas komplizierter oder schwieriger ist.
Diese Informationen haben schon vielen anderen Schülerinnen und Schülern geholfen, also merke sie dir ruhig.

Profi-Übung

In manchen Kapiteln gibt es Profi-Übungen. Diese Übungen musst du nicht unbedingt lösen, aber es wäre toll, wenn du es versuchst. Falls du die Profi-Übung richtig gelöst hast, kannst du stolz auf dich sein.

Aufgabe

PUNKTE 4

Am Ende eines Kapitels findest du immer einen Test. Grundsätzlich gilt dabei: Wenn du weniger als die Hälfte der Gesamtpunktzahl erreichst, solltest du dir das Kapitel noch einmal anschauen, um zu sehen, was du falsch gemacht hast. Bei manchen Testaufgaben wirst du aufgefordert, deine Arbeit selbst zu bewerten. Sei hier auf jeden Fall ehrlich, denn wenn du schummelst, schadest du eigentlich nur dir selbst, oder?

Alles klar? Dann kann es ja losgehen! Viel Spaß!

Inhaltsverzeichnis

1 Die Wortarten kennenlernen 6

Namenwörter (Nomen) 6

Einzahl und Mehrzahl (Singular und Plural) 6
Der bestimmte und der unbestimmte Artikel 8
Die Fürwörter – Pronomen (Einzahl) 9
Die Fürwörter – Pronomen (Mehrzahl) 10
Die vier Fälle 11

Tuwörter (Verben) 15

Das Verb und seine Grundform (Infinitiv) 15
Verben und ihre Zeitformen – Gegenwart und Vergangenheit 17
Verben und ihre Zeitformen – Zukunft 19
Übungen zu den Zeitformen 21
Verben mit vorangestellten Wortbausteinen 22
Verben verlängern, um den Auslaut besser zu hören 23

Wiewörter (Adjektive) 26

Adjektive können gesteigert werden 26
Nachgestellte Wortbausteine als Merkmal 28
Adjektive herleiten 29

2 Aus Wörtern werden Sätze 32

Das Subjekt 32
Das Prädikat 34
Satzzeichen 35
Satzarten 36
Satzergänzungen 37
Wörtliche Rede 38

3 Groß- und Kleinschreibung 41

Nomen erkennen 41
Nicht nur Nomen werden großgeschrieben 43

4 Kurze und lange Selbstlaute (Vokale) 46

Was sind Vokale? 46
Lange und kurze Vokale erkennen 48
Vokale vor tz und ck 49
Dehnungs-h 50
Achtung: Konsonantenhäufungen 51

5 Wortfamilien und Wortbausteine 54
Wörter mit gleichem Wortstamm gehören zu einer Wortfamilie 54
Die Bausteine aus-, ab-, weg- 56
Die Bausteine -lich, -isch, -ig 57

6 Arbeit mit dem Wörterbuch 60
Alphabetisch sortieren 60
Zusammengesetzte Wörter finden 62
Bilden der Einzahl, der Grundform und der Grundstufe 63

7 Schreiben 66
Geschichten zu Bildern erzählen 66
Wiederholungen vermeiden 69
Gefühle und Stimmungen ausdrücken 70
Einleitung – Hauptteil – Schluss 71
Überschriften finden 72
Eine eigene Geschichte erfinden 73
Treffend umschreiben 74
Satzglieder umstellen und ersetzen 75

8 Beschreibungen verfassen 78
Informationen finden 78
Merkmale erkennen und formulieren 80
Passende Wörter wählen 81
Eine Anleitung schreiben 82

9 Einen Brief schreiben 85
Eine Einladung verfassen 85
Einen Brief aus dem Urlaub schreiben 87

10 Texte lesen und verstehen 90
Wichtige Wörter finden und unterstreichen 90
Fragen zum Text beantworten 92
Fragen zum Text stellen 93
Lückentexte ergänzen 94
Ein Bild beschreiben 95
Ein beschriebenes Bild ergänzen 96
Textausschnitte sortieren 97
Die eigene Meinung bilden und begründen 98
Verhalten beschreiben 99

Teste, ob du den Stoff der dritten Klasse wirklich kannst! 102

Typische Aufgaben für Vergleichsarbeiten 111

Lösungen 114

1. Die Wortarten kennenlernen – Namenwörter (Nomen)

Verstehen

Einzahl und Mehrzahl (Singular und Plural)

Nomen bezeichnen Gegenstände, Lebewesen, Zustände und Gefühle/Gedanken. Jedes Nomen hat einen Begleiter (Artikel). Nomen kommen sowohl in der **Einzahl** (Singular) als auch in der **Mehrzahl** (Plural) vor.

Üben

Übung 1

Ergänze die Mehrzahl (zusammen mit dem Artikel)!

Einzahl	Mehrzahl
der Tisch	
das Buch	
die Spinne	
der Bleistift	
das Telefon	
die Tür	
der Anhänger	
die Kette	
die Tapete	
die Katze	

Eselsbrücke: Sei so schlau und merk dir bloß: Namenwörter schreibt man groß!

Übung 2

Die Kinder der Klasse 3b stürmen auf den Schulhof. Dort steht ein Krankenwagen, und er hat sogar das Blaulicht eingeschaltet. Die Schüler starren wie gebannt auf das Fahrzeug.

Tom ist der Erste, der ein Wort herausbekommt: „Was macht denn ein Krankenwagen an unserer Schule?", fragt er.
Die anderen zucken nur ratlos mit den Schultern. Da kommt Frau Meier heraus und ruft die Kinder zur Ordnung: „Bitte geht wieder hinein. Es gehört sich nicht, hier herumzustehen und so neugierig zu schauen. Stellt euch mal vor, ihr würdet von einem Krankenwagen abgeholt! Da wärt ihr sicher sehr traurig, wenn eure Mitschüler hier herumstünden und euch zusähen, oder?"

Den Schülern der 3b ist ihr Verhalten nun etwas peinlich, und mit hängenden Schultern gehen sie zurück in ihren Klassenraum. Zuhause bei den Eltern sprechen sie noch einmal über den Vorfall. Auch die Eltern finden, dass Frau Meier recht hat.

a) Finde in dem Text oben alle Nomen in der Einzahl. Schreibe sie ohne Artikel!

b) Finde alle Nomen in der Mehrzahl. Schreibe sie ohne Artikel!

c) Findest du ein Wort im Text, das es nur in der Mehrzahl gibt?

Verstehen

Der bestimmte und der unbestimmte Artikel

Artikel, auch Begleiter genannt, begleiten Nomen.

Es gibt **bestimmte Artikel:**	der, die, das
und **unbestimmte Artikel:**	ein, eine

Übung 3

Schreibe das Nomen auf und setze den unbestimmten Artikel davor!

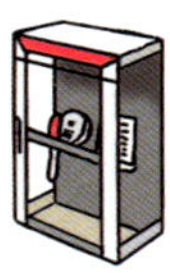

Üben

Übung 4

Ergänze die Lücken mit dem bestimmten oder unbestimmten Artikel und dem Nomen!

Nomen	bestimmter Artikel	unbestimmter Artikel
Affe	der Affe	ein Affe
Geburtstagsfeier		
Laus		
Nilpferd		
Zirkus		
Supermarkt		

Die Fürwörter – Pronomen (Einzahl)

Pronomen können Nomen ersetzen. Persönliche Fürwörter – **Personalpronomen** – vertreten eine oder mehrere Personen. Die Personalpronomen in der **Einzahl** lauten: ich, du, er, sie, es.

Übung 5

Schreibe die Texte ab und ersetze die fett gedruckten Nomen durch die richtigen Pronomen aus dem Merkkasten!

Meine Schwester Annika mag keine Puppen, sagt sie. **Annika** spielt lieber mit ihrem Auto. Annikas Auto ist rot mit gelben Streifen an der Seite, und **ihr Auto** kann allein fahren, wenn man es aufgezogen hat.

Mein Vater hat Spaß daran, im Garten zu arbeiten. **Mein Vater** hegt und pflegt dort seine vielen Blumen.
Eine Blume mag ich besonders gern.
Die Blume heißt Vergissmeinnicht.

Die Fürwörter – Pronomen (Mehrzahl)

Auf der letzten Seite hast du die Pronomen in der Einzahl kennengelernt (ich, du, er, sie, es). Jetzt kommt die Mehrzahl dazu.

Die **Personalpronomen** in der **Mehrzahl** lauten: wir, ihr, sie.

Übung 6

Setze die fehlenden Personalpronomen ein!

Sina und Timo lachen – sie lachen

Ina und ich lachen – ______ lachen

Gregor lacht – ______ lacht

Frau Müller lacht – ______ lacht

Frau Müller und ich fegen – ______ fegen

Ina und Sina fegen – ______ fegen

Frau Müller fegt – ______ fegt

Peer und du fegt – ______ fegt

Übung 7

Setze vor das Verb ein passendes Pronomen!

______ singe

______ tanzt

______ laufen

______ schreit

______ pfeife

______ sitzt

Die vier Fälle

Wie dir sicher schon aufgefallen ist, kommen Nomen in verschiedenen Formen vor und wechseln je nach Fall ihren Begleiter (z.B.: den Tisch / des Tisches / dem Tisch / der Tisch)

Die Form des Nomens und des Artikels hängt davon ab, wie man sie im Satz benutzt. Es gibt **vier Fälle,** nach denen man so fragt:

Fall	Satz	Frage
1. Fall	Die Lehrerin ruft.	Wer ruft?
2. Fall	Der Tisch des Vaters ist braun.	Wessen Tisch ist braun?
3. Fall	Ich gebe der Mutter mein Heft.	Wem gebe ich mein Heft?
4. Fall	Ich finde Ina nett.	Wen finde ich nett?

Übung 8

Ergänze die Lücken!

Beispiel:
Die Katze trinkt Milch.
Wer trinkt Milch?

Der Nachbar spricht mit seiner Frau.

Mit ______ spricht der Nachbar?

______ spricht mit seiner Frau?

Frau Müller sammelt Timos Heft ein.

______ Heft sammelt Frau Müller ein?

______ sammelt Timos Heft ein?

Verstehen

Üben

Übung 9

Ergänze den folgenden Text mit den richtigen Nomen und Artikeln!

__________ ist schon ein gewitztes Tierchen. Obwohl manche Menschen sich die größte Mühe geben, sie mit Käse anzulocken und zu fangen, fällt sie nicht immer auf diesen Trick herein. __________ kommt es dann sehr verdächtig vor, dass es dieses Stück Käse einfach so umsonst geben soll. Sie wittert Gefahr und verschwindet schnell. __________ kann man allerdings auch zähmen und dann als Haustier halten. __________ brauchen ausreichend Platz und einen Spielkameraden.

Übung 10

Beantworte die Fragen!

Bei wem durfte Schneewittchen wohnen?

Bei den __________.

Wem hat die böse Königin einen vergifteten Apfel geschenkt?

Dem __________

Kannst du es?

Aufgabe 1

PUNKTE 8

Ergänze Einzahl oder Mehrzahl!

Einzahl	Mehrzahl
Maus	
	Läuse
	Tische
Fahrrad	
	Halstücher
	Kissen
	Läden

Aufgabe 2

PUNKTE 8

Sortiere die Personen oder Tiere in die richtige Spalte!

meine Mutter und ich — der Hund — der Hund und die Katze — meine Klasse und ich

die Mädchen — meine zwei Freundinnen — Peer und seine Lehrerin — die Katze

er, sie, es	wir	sie (Mehrzahl)
	meine Mutter und ich	

Testen

Aufgabe 3

PUNKTE 11

Unterstreiche bestimmte Artikel grün und unbestimmte Artikel rot!

ein Fußball  die Spardose  der Teller 

 der Lehrer  der Hund  die Hundehütte

ein Gartenhäuschen  das Pausenklingeln 

eine Brotdose  die Kinder  eine Glocke 

Aufgabe 4

PUNKTE 3

Frage nach den unterstrichenen Satzteilen!

Beispiel: Der Hund bellt laut. Wer bellt laut?

Sina darf den Füller ihrer Freundin benutzen.

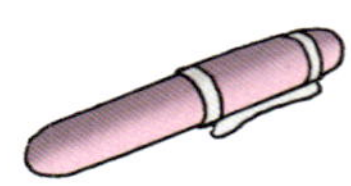

Peer gibt seinem Vater ein Stück Schokolade.

Marie mag ihre Puppe.

Von **30** Punkten habe ich erreicht.

Tuwörter (Verben)

Das Verb und seine Grundform (Infinitiv)

Verben nennt man auch **Tuwörter.** Verben gibt es in der Grundform: sprechen, schenken, laufen, lachen. Verben gibt es auch in verschiedenen Personalformen:
ich spreche, du schenkst, er läuft, wir lachen.

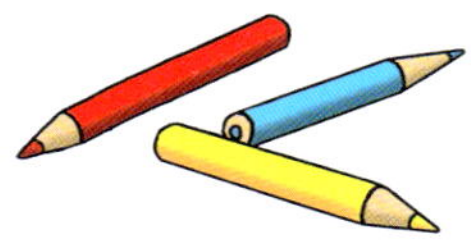

Übung 11

Gregor geht in die dritte Klasse. Er mag Fußball. Er lebt in Hamburg. Er kann sehr gut zeichnen. Ina kommt aus Bremen. Sie findet Fußball langweilig. Sie liebt ihren Stoffelefanten Bimbo.

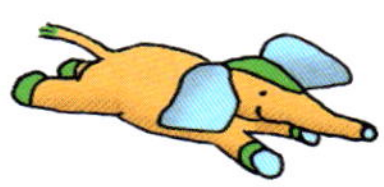

a) Finde die Verben in den Texten und unterstreiche sie!
b) Die Verben stehen in den beiden Texten über Gregor und Ina in der Personalform. Finde die dazugehörige Grundform und trage sie in die Tabelle ein!

Personalform	Grundform	Personalform	Grundform
geht	gehen		

Übung 12

Ergänze alle Personalformen zu dem Verb laufen!

	Einzahl			Mehrzahl		
Pronomen:	ich	du	er, sie, es	wir	ihr	sie
Verb:						

Übung 13

Bilde mit den folgenden Verben Sätze!

Zum Beispiel: Ich schreibe einen Brief.

schreiben ______________________

schenken ______________________

hören ______________________

fragen ______________________

riechen ______________________

drehen ______________________

Übung 14

Bilde auch mit diesen Verben Sätze wie in **Übung 13!**

Zum Beispiel: Timo sieht nach.

Was fällt dir auf?

nachsehen ______________________

auflegen ______________________

zuhören ______________________

aufessen ______________________

hinsehen ______________________

nachfragen ______________________

Mir fällt auf, dass ______________________.

Verben und ihre Zeitformen – Gegenwart und Vergangenheit

Sätze stehen in verschiedenen Zeiten, zum Beispiel in der **Gegenwart** (das heißt jetzt) und in der **Vergangenheit** (das heißt früher). Die Zeit des Satzes erkennt man am Verb.

Ina früher

Ina heute

Übung 15

Finde heraus, ob die folgenden Sätze in der Vergangenheit oder in der Gegenwart stehen, und schreibe die richtige Zeit auf die Hilfslinie!

Ina mag Tee.

Peer spielte am Samstag Fußball.

Meine Lehrerin ermahnte mich.

Sein Bruder Justus fiel direkt auf sein Knie.

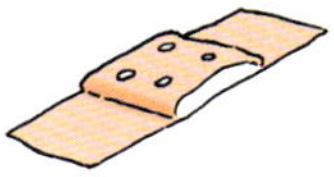

Herr Schwarze ruft seine Schwiegermutter an.

Timo vergisst seine Federtasche in der Schule.

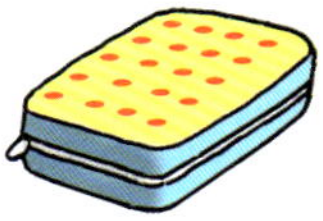

Übung 16

Ergänze die jeweils fehlende Zeitform!

Gegenwart	Vergangenheit
ich laufe	
	du gingst
sie hört	
	wir schliefen
sie essen	
	ich schrieb
es regnet	

Übung 17

Finde alle Verben im folgenden Text und schreibe sie in der Ich-Form auf – einmal in der Gegenwart und einmal in der Vergangenheit.

Ich bin Marie. Ich gehe in die dritte Klasse,
und mein Lieblingsfach ist Deutsch.
Meine Klassenlehrerin heißt Frau Stein.
Frau Stein ist sehr nett,
und der Unterricht mit ihr macht richtig Spaß.
Am liebsten habe ich in der Schule aber die Pausen.
Da tobe ich immer so richtig herum.

Beispiel: ich bin – ich war; ich gehe – ich ging

Verben und ihre Zeitformen – Zukunft

Auf den letzten Seiten hast du die Vergangenheit und die Gegenwart kennengelernt. Eine weitere wichtige Zeitform ist die Zukunft.

Um auszudrücken, dass etwas passieren wird, benutzt man die **Zukunft. Beispiel:** Ich werde bald in die vierte Klasse gehen. Du wirst ein Geschenk von mir bekommen.

Übung 18

Finde die Sätze, die in der Zukunft stehen, und kreise sie ein!

Meine Schwester hat eine Katze.

Unser Hund besaß einen Knochen.

Meine Schwester wird eine Katze haben.

Oma wird uns besuchen.

Oma besuchte uns.

Meine Schwester hatte eine Katze.

Unser Hund besitzt einen Knochen.

Peer liest ein spannendes Buch.

Peer las ein spannendes Buch.

Peer wird ein spannendes Buch lesen.

Sina isst einen Erdbeerjoghurt.

Oma besucht uns.

Unser Hund wird einen Knochen besitzen.

Sina aß einen Erdbeerjoghurt.

Sina wird einen Erdbeerjoghurt essen.

Üben

Übung 19

Bilde aus den folgenden Silben Verben und schreibe sie in der Personalform **du** und in der Zeitform **Zukunft** auf!

Zum Beispiel: Du wirst lachen.

Übung 20

Jetzt ist deine Fantasie gefragt! Stelle dir vor, was in deinem Leben anders wird, wenn du erwachsen bist!
Benutze die Zeitform Zukunft.
Male danach ein Bild von dir als Erwachsenem!

Übungen zu den Zeitformen

Übung 21

Fülle die leeren Felder der Tabelle aus!

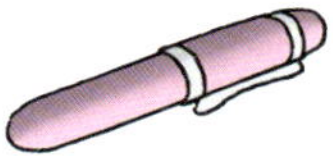

Gegenwart	Vergangenheit	Zukunft
ich springe		
		du wirst rennen
	sie aß	
wir fahren		
		ihr werdet schreiben
	wir sortierten	
er träumt		
	sie trug	
		sie werden schlafen
ich zeige		
	du sprachst	
		ihr werdet lesen
	ich hinkte	
du tanzt		
	er fiel	
		sie wird husten

Verben mit vorangestellten Wortbausteinen (Vorsilben)

Manche Verben werden mit sogenannten **Vorsilben** ergänzt.
Das können zum Beispiel sein: ver-; be-; ein-; auf-; vor-

Übung 22

Bilde mit den Vorsilben aus dem Merkkasten Verben deiner Wahl! **Zum Beispiel:** beschenken

_______________ _______________ _______________

_______________ _______________ _______________

Übung 23

vor ver

Ergänze die Lücken in den Sätzen mit den Vorsilben!

Du brauchst Ina nicht _______sagen. Sie kann die Antwort selbst geben.

Mama und Papa müssen manchmal etwas _______sprechen.

Gemeinsam sind wir zu viele. Wir müssen uns _______teilen.

Wenn du möchtest, kannst du schon _______gehen.

Wenn es laut ist, kann man sich leicht _______hören.

be

Übung 24

Streiche die Wörter durch, die es nicht gibt!

einsingen verlaufen vorsingen aufsprechen vorsprechen
einlaufen besingen vorlaufen versingen
aufsingen belaufen einsprechen auflaufen

Verben verlängern, um den Auslaut besser zu hören

Manchmal kann man den Buchstaben am Ende eines Wortes nicht so deutlich heraushören. Das ist besonders bei Wörtern der Fall, die auf g, k, d, t, b und p enden. Bei Nomen ist es leicht, das Wort zu verlängern, um die Hörprobe zu machen: Motorrad – Motorräder; Schlag – Schläge. Wenn du die Mehrzahl bildest, wirst du den Endlaut (Auslaut) deutlicher hören.

Bei Verben, bei denen du den **Endlaut (Auslaut)** nicht heraushören kannst, ist es hilfreich, das Verb in der Wir-Form zu bilden.
Beispiel: Sie lag im Gras. Wir lagen im Gras.
In der Wir-Form hörst du, dass der Endlaut des Wortes ein g ist.

Übung 25

Ergänze den fehlenden Buchstaben und bilde das Verb in der Wir-Form!

Ich ba_ meine Mutter um ein Stück Schokolade.

Wir ba______ meine Mutter um ein Stück Schokolade.

Ich erschra_, als unsere Katze plötzlich hervorkam.

Wir ____.

Ich gru_ ein tiefes Loch.

Wir ____.

Mein Pony zo_ unsere kleine Kutsche.

Wir ____.

Ich fan_ einen sehr schönen Stein.

Wir ____.

Testen

Kannst du es?

Aufgabe 5

PUNKTE 15

Unterstreiche Verben in der Gegenwart blau, in der Vergangenheit rot und in der Zukunft grün!

lüge · werde sprechen · werde laufen · lief · sprach · renne · log · werde rennen · ziehe · zog · werde lügen · laufe · werde ziehen · spreche · rannte

Aufgabe 6

PUNKTE 6

Bringe die folgenden Buchstaben in die richtige Reihenfolge und bilde dann mit den Wörtern die Wir-Form und die Du-Form in der Gegenwart!

ifrene f ______________ ______________ ______________

leispne sp ______________ ______________ ______________

nbeirshce sch ______________ ______________ ______________

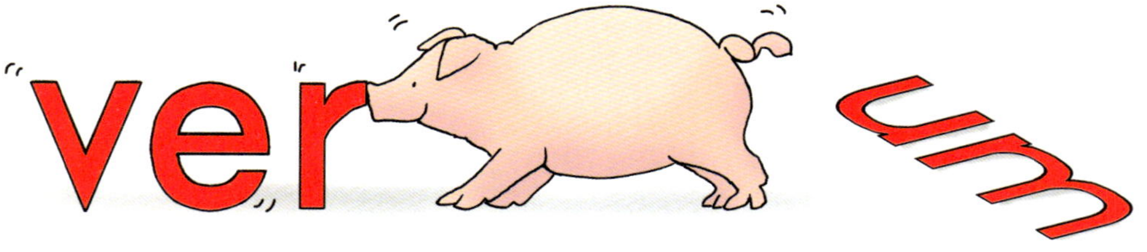

Aufgabe 7

PUNKTE 7

Entscheide, welcher Endlaut (Auslaut) richtig ist!

zo (g oder k): ; rie (t oder d): ; schrie (b oder p): ;

spran (g oder k): ; stan (d oder t): ; tran (g oder k): ;

tru (g oder k):

Aufgabe 8

PUNKTE 10

an

um

Bilde jeweils zwei Verben mit den vorangestellten Wortbausteinen (Vorsilben) wie angegeben!

ver ______ ; ver ______

be ______ ; be ______

ein ______ ; ein ______

auf ______ ; auf ______

vor ______ ; vor ______

ver

Von **38** Punkten habe ich ______ erreicht.

Wiewörter (Adjektive)

Adjektive können gesteigert werden

Adjektive beschreiben, wie etwas oder jemand aussieht, wie sich etwas anfühlt oder wie es sonst ist.
Herbert ist groß. Das Küken ist klein.
Ich bin schnell. Der Hase ist weich.

Übung 26

Welche der folgenden Adjektive passen deiner Meinung nach zu den Blumen? Kreise ein!

bunt, duftend, riesig, dick, hübsch, laut, leise, zart, rau, scheußlich, frech, weich, ängstlich

Wenn man Dinge miteinander vergleicht, benutzt man die drei **Vergleichsstufen:**

1. Die Sonnenblume ist so groß wie Jan.
2. Die Sonnenblume ist größer als die Tulpe.
3. Der Baum ist am größten.

Übung 27

Verwende bei den folgenden Adjektiven die zweite Vergleichsstufe!

laut – lauter, schnell – ____________, nett – ____________,

süß – ____________, winzig – ____________, unhöflich – ____________

Übung 28

Schreibe zu den Bildern!

groß: Peer ist größer als Sina, Gregor ist am größten.

schnell:

klein:

hoch:

Übung 29

Hier stimmt etwas nicht! Schreibe die Sätze noch einmal richtig auf, indem du das Adjektiv änderst.

Ein Eisberg ist wärmer als eine Wärmflasche.

Nachts ist es heller als am Tag.

Ein Blatt Papier ist schwerer als ein Buch.

Nachgestellte Wortbausteine als Merkmal

Adjektive kann man oft an bestimmten Merkmalen erkennen. Eines dieser Merkmale sind die **nachgestellten Wortbausteine** -ig, -lich, -isch.

Beispiele: flauschig, kindisch, kleinlich

Übung 30

Kreise die nachgestellten Wortbausteine ein!

traurig	pünktlich		
günstig	schmutzig	magnetisch	
hinterlistig	quadratisch	niedrig	gelblich

Übung 31

Finde selbst Adjektive mit den Endungen -ig, -lich, -isch!

lig	isch	ich

Adjektive herleiten

Übung 32

Finde heraus, mit welchen Verben die folgenden Adjektive verwandt sind!

malerisch _______	zerbrechlich _______	zerstörerisch _______
beweglich _______	traurig _______	spielerisch _______
lächerlich _______	kämpferisch _______	vergesslich _______

Übung 33

Finde die verwandten Nomen der folgenden Adjektive heraus!

ängstlich _______	vorbildlich _______	traurig _______
verbrecherisch _______	träumerisch _______	sommerlich _______
winterlich _______	ordentlich _______	wesentlich _______

Kannst du es?

Aufgabe 9 PUNKTE 20

Ergänze die Lücken!

Adjektiv	1. Steigerungsform	2. Steigerungsform
leicht		
	besser	
		am langsamsten
	kleiner	
nett		
		am dünnsten
hoch		
		am kürzesten

Aufgabe 10 PUNKTE 10

Bilde aus den folgenden Verben Adjektive! **Beispiel:** lesen – leserlich

glauben:	
schlafen:	
kleben:	
salzen:	
würzen:	
klappern:	
lachen:	
rutschen:	
fantasieren:	

Aufgabe 11

PUNKTE 7

Kreise alle Adjektive ein!

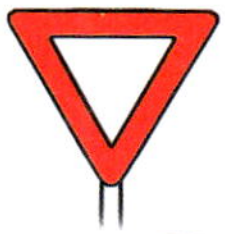

HÄUFEN GLÄUBIG LACHEN UMGÄNGLICH ZEICHEN HÄUFIG ZEICHNEN LÄCHERLICH UMGANG HÖREN ZEICHNERISCH LESEN LESER GEHÖR UMGEHEN HÖRBAR LACHER GLAUBEN HAUFEN GLAUBE LESERLICH

Aufgabe 12

PUNKTE 16

a) Unterstreiche alle Verben grün! **(10 Punkte)**

b) Unterstreiche alle Adjektive in der 2. Steigerungsform schwarz! **(6 Punkte)**

Meine Oma ist die netteste Frau der Welt. Sie hat immer die leckersten Süßigkeiten in ihrem Schrank und kann die tollsten Geschichten erzählen. Außerdem kann meine Oma den besten Rosinenkuchen backen. Der schmeckt so vorzüglich, dass kein Stück übrig bleibt. Am liebsten mag ich die Weihnachtszeit bei meiner Oma. Sie kennt unendlich viele alte Weihnachtslieder und macht die köstlichsten Plätzchen.

Von **53** Punkten habe ich ______ erreicht.

2. Aus Wörtern werden Sätze

Verstehen

Das Subjekt

Sätze bestehen aus verschiedenen Teilen. Einer davon ist das Subjekt des Satzes. Nach dem Subjekt fragt man so: Wer oder was tut etwas? Die Antwort auf diese Frage ist das **Subjekt.**

Beispiele:

Frau Meier gießt die Blumen. Wer gießt die Blumen?
Frau Meier. **(Subjekt)**

Herr Meier führt den Hund aus. Wer führt den Hund aus?
Herr Meier. **(Subjekt)**

Üben

Übung 34

a) Schreibe hinter die Sätze die Frage nach dem Subjekt!

b) Unterstreiche das Subjekt des Satzes rot!

Sina geht zur Schule.   Wer geht zur Schule?

Meine Mutter mag Schokotorte. ______________________

Mein Hund trinkt gern Milch. 

____

Deine Freundin läuft Schlittschuh. ______________________

Der Busfahrer fährt den Bus.  ______________________

Unsere Nachbarin harkt den Garten. ______________________

Übung 35

Bilde 4 eigene Sätze und unterstreiche das Subjekt!

Übung 36

Schreibe die Sätze unten auf und ersetze dabei die Pronomen mit einem passenden Subjekt aus der Liste!

Er bringt dir Briefe.
Sie lernen fleißig.
Sie backt leckeres Brot.
Sie schreibt an die Tafel.
Sie löschen Brände.
Er verkauft Fleisch.

Die Schüler
Der Fleischer
Der Postbote
Die Feuerwehrleute
Die Lehrerin
Die Bäckerin

Versteh en

Das Prädikat

Prädikate sind wie Subjekte Satzglieder. Nach Prädikaten fragt man so: Was **tut** Oma? Oma mäht den Rasen. (mäht = Prädikat)

Übung 37

Auf dem Jahrmarkt

a) Setze die richtigen Prädikate ein!

schlendern, nimmt, fragt, nickt, läuft, kauft

Peer und seine Eltern __________ über den Jahrmarkt. Dort gibt es viele Karussells und Buden mit leckeren Dingen. Peer __________, ob er eine Tüte Pommes Frites bekommt. Peers Vater __________ und __________ seine Geldbörse heraus. Peer __________ zum Stand mit den Pommes und __________ sich eine große Tüte.

b) Frage nach allen Prädikaten und gib selbst die Antworten!

Beispiel: Was tun Peer und seine Eltern?
Sie schlendern über den Jahrmarkt.

Üben

Satzzeichen

In einem Aussagesatz wird etwas erklärt oder erzählt: **Punkt .**
In einem Fragesatz wird etwas gefragt: **Fragezeichen ?**
In einem Ausrufesatz wird etwas befohlen oder gerufen:
Ausrufezeichen !

Übung 38

Unterstreiche die Aussagesätze grün, die Fragesätze rot und die Ausrufesätze blau!

Heute haben wir keine Hausaufgaben auf. Lass das! Darf ich mal vorbei? Mein Vogel heißt Hansi. Das darfst du nicht! Wo ist deine Mutter? Ich gehe nach der Schule in den Zirkus. Ich habe Hunger. Kommst du mit? Bitte geh aus dem Weg!

Übung 39

Ergänze die richtigen Satzzeichen!

Magst du Spinat Mein Fahrrad ist gelb Hör damit auf

Darf dein Bruder mit deinem Spielzeug spielen Sei bitte leise

Wann ist die Schule aus Ich finde Mathe langweilig

Weshalb ist Marie traurig

Satzzeichen geben Auskunft darüber, wie ein Satz betont wird. Bei einem Punkt geht die Stimme am Ende des Satzes nach unten. Ein Ausrufezeichen beendet einen Satz, der stark betont wird. Bei einem Fragezeichen geht die Stimme am Ende des Satzes nach oben.

Satzarten

Auf dieser Seite findest du viele Beispiele für die verschiedenen Satzarten von Seite 35.

Aussagesätze

Mein Vater ist Lehrer.
Timo kommt nie zu spät.
Anna ist meine Nachbarin.
Dein Hund hat ein weiches Fell.

Fragesätze

Ist deine Mutter bei der Arbeit?
Mag Julika Apfelkuchen?
Kann dein Opa bügeln?
Findet Gregor Katzen niedlich?

Ausrufesätze

Geht bitte in eure Zimmer!
Deck bitte den Tisch!
Hilf deinem Bruder bei den Hausaufgaben!
Packe deine Schultasche für morgen früh!

Satzergänzungen

Satzergänzungen beschreiben ein Satzglied genauer. Nach Satzergänzungen fragt man mit wen/was? oder wem/was?
Beispiel: Sina trinkt. Was trinkt Sina? Sina trinkt Milch.

Übung 40

Bilde 6 Quatschsätze, indem du die Satzglieder beliebig vertauschst! Male auch kleine Bilder zu deinen Sätzen!

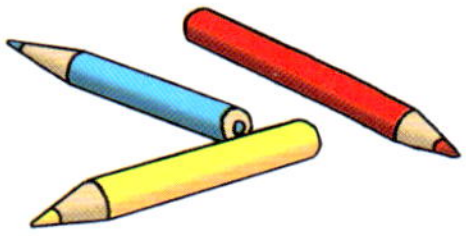

Subjekt	Prädikat	Satzergänzung
Marie	liest	ein Buch
Peer	isst	ein Stück Käse
Meine Lehrerin	beobachtet	die Klasse
Herr Müller	ruft	Frau Müller
Der Osterhase	erschnuppert	die Blumen
Ina	versteckt	eine Tafel Schokolade

Verstehen

Wörtliche Rede

Wenn in einem Text geschrieben steht, was Personen sagen, nennt man das **wörtliche Rede.** Der Anfang der wörtlichen Rede wird durch Redezeichen (auch Anführungszeichen genannt) unten gekennzeichnet, das Ende durch Redezeichen oben:
Mama fragt: „Was möchtest du essen?"
Begleitsätze geben eine Information darüber, wer spricht:
Mama fragt: „Was möchtest du essen?" Begleitsätze können vor, zwischen oder hinter der wörtlichen Rede stehen.

Üben

Übung 41

Unterstreiche die wörtliche Rede in den folgenden Sätzen!

Am Bahnhof
Familie Meier eilt durch die Bahnhofshalle. Der Schaffner ruft: „Alles einsteigen, bitte!" „Schnell, Mama!", bittet Julika und zieht ihre Mutter am Ärmel. Mama antwortet: „Ich beeile mich, Julika. Unsere Koffer sind schwer." „Ihr könntet mir ein wenig beim Tragen helfen", sagt Papa. Timo meint: „Ich trage schon meinen Rucksack, der ist so schwer." Der Schaffner ruft: „Der Zug fährt jetzt los. Bitte zur Seite treten!" „Oh nein", jammert die Familie, „nun müssen wir auf den nächsten Zug warten."

Übung 42

Unterstreiche nur die Begleitsätze der wörtlichen Rede!

Geburtstagsparty
Sina feiert Geburtstag. „Es gibt Essen!", ruft Papa. „Juhu! Es gibt Spaghetti mit Hackbällchen!", schreien die Kinder. Papa ermahnt: „Bitte passt mit der Soße auf, Kinder!" Nach dem Essen werden jede Menge Spiele gespielt. Am Abend sind die Kinder sehr müde. Ina sagt: „Danke für die tolle Party, Sina!"

Eselsbrücke: Dort wo man redet, sagt und spricht, vergiss die kleinen Zeichen nicht: „"

Kannst du es?

Aufgabe 13 (8 Punkte)

Schreibe den Text ab und ergänze die Redezeichen!

Ich gehe heute nicht zur Schule!, sagt Marie.
Hast du Hausaufgaben auf?, fragt Mama.
Oma verspricht: Morgen komme ich!
Papa ruft: Gregor, räum dein Zimmer auf!

Aufgabe 14 (12 Punkte)

a) Unterstreiche die Subjekte rot und die Prädikate blau! **(6 Punkte)**

Peer rennt. Opa lacht. Mama kocht Gemüsesuppe.
Der Hund jagt die Maus. Frau Schulze trägt die Zeitungen aus.
Mein Kaninchen liebt Möhren.

b) Frage nach den Subjekten der Sätze! **(6 Punkte)**

Aufgabe 15

PUNKTE 6

Setze die richtigen Prädikate (siehe unten) ein!

spielt, singt, pflegt, näht, backt, unterrichtet

Subjekt	Prädikat
Eine Krankenschwester	
Ein Lehrer	
Eine Schneiderin	
Eine Sängerin	
Ein Bäcker	
Ein Schauspieler	

Aufgabe 16

PUNKTE 6

Wandle die Fragesätze in Aussagesätze um!

Frage	Aussage
Heißt deine Mutter Brigitte?	Deine Mutter heißt Brigitte.
Ist Sinas Hund weggelaufen?	
Mag Timo Pizza?	
Hast du morgen Geburtstag?	
Geht Anna in die dritte Klasse?	
Singt der Papagei ein schönes Lied?	

Von **32** Punkten habe ich ____ erreicht.

3. Groß- und Kleinschreibung

Nomen erkennen

Woran erkenne ich ein Namenwort?

Dass Nomen großgeschrieben werden, hast du sicherlich schon gehört. Ein Nomen zu erkennen ist aber gar nicht so leicht. Damit du in Zukunft jedes Nomen, das dir begegnet, auch gleich als solches erkennst, erfährst du nun, wie man das macht.

Nomen (auch Namenwörter genannt) werden großgeschrieben. Mit Nomen benennt man Gegenstände, Gefühle, Lebewesen und Zustände. Nomen erkennt man an verschiedenen Merkmalen:

Einzahl und Mehrzahl	ein Tisch, viele Tische
bestimmter und unbestimmter Artikel	der, die, das, eine, viele
die nachgestellten Wortbausteine	-keit, -ung, -heit, -nis, -in
Namen und Eigennamen	Lena, Frau Koch, die Bibel

Übung 43

Hier sind ein paar Worte durcheinandergeraten. Nicht alle Worte sind Nomen. Finde die Nomen heraus und kreise sie ein.

DIE HASELNUSS LAUFEN LISA VIELE STÜHLE

GENERVT DER BODENSEE SCHÜTTELN FRECHHEIT

TRAURIG

HERR HOLTZ HANNELORE TRAURIGKEIT EIN SCHRANK

HERBERT GIFTIG DIE KÄLTE DER FEUERWEHRMANN

Übung 44

Im Regelkasten hast du die Merkmale von Nomen bereits kennengelernt. Wenn du gut aufgepasst hast, wird dir die nächste Aufgabe nicht schwerfallen.

Ordne den Wörtern die Nummer des Merkmals zu, an dem du erkennen kannst, dass es sich um ein Nomen handelt! Manche Nomen weisen auch mehrere Merkmale auf. Wenn du magst, kannst du auch mehr als eines eintragen.

1 = Das Wort hat einen bestimmten oder einen unbestimmten Artikel.
2 = Das Wort steht in der Einzahl oder der Mehrzahl.
3 = Das Wort hat am Ende ein -ung, -keit, -heit, -nis, -in.
4 = Das Wort ist ein Eigenname.

Nomen	Nummer(n) des Merkmals
a) die Heizung	______________
b) viele Tiere	______________
c) das Brandenburger Tor	______________
d) die Einsamkeit	______________
e) ein Fußboden	______________
f) Sauberkeit	______________
g) das Erlebnis	______________
h) Frau Wagner	______________
i) eine Schatztruhe	______________

Alles was du hören, sehen, riechen, anfassen oder schmecken kannst, ist auf jeden Fall ein Nomen. Es gibt allerdings auch andere Nomen, z.B. **der Gedanke** oder **die Erinnerung.**

Nicht nur Nomen werden großgeschrieben

Außer Nomen gibt es noch einige andere Worte, die man großschreibt. Hierzu gehören **Satzanfänge, Überschriften** (zum Beispiel in Zeitungen) und die **Höflichkeitsanrede** (Sie oder Ihnen).

Beispiele:
Satzanfang: Gestern habe ich mit meinem Hund gespielt.
Überschrift: Verschwunden!
Anrede: Sehr geehrter Herr Müller! Hiermit lade ich Sie zu meiner Gartenfeier ein. Ich hoffe, es ist Ihnen möglich, zu kommen.

Wenn du jemandem einen Brief oder eine E-Mail schreibst, den du mit „du" ansprichst, kannst du selbst entscheiden, ob du die Anredepronomen (du, dir, deine, dich, euch usw.) klein- oder großschreibst.

Übung 45

Peer und Lilli sind Geschwister. Peer besucht, wie du, die dritte Klasse. Lilli ist etwas jünger und geht erst in die zweite Klasse. Unten siehst du einen Brief, den Lilli geschrieben hat. Lilli kennt sich noch nicht so gut mit der Groß- und Kleinschreibung aus. Findest du die Fehler? Unterstreiche die Wörter, die eigentlich großgeschrieben werden! Benutze hierfür ein Lineal. (Tipp: Es sind genau zehn Fehler versteckt.)

lieber Peer,
ich schreibe dir von Oma und Opa aus diesen brief.
Schade, dass du nicht mitkommen konntest. Das wetter ist sehr schön, und Oma und Opa haben sehr viel eis eingekauft. Ich habe schon richtig bauchschmerzen bekommen, weil ich so viel davon verputzt habe.
Im garten hat Opa für uns eine schaukel aufgestellt.
Man kann so hoch schaukeln, dass man bei den nachbarn in die fenster schauen kann. Das ist sehr lustig.
Ich muss jetzt leider aufhören, weil wir essen wollen.
Oma hat einen pilzauflauf gekocht.

Deine Lilli

Kannst du es?

Aufgabe 17

PUNKTE 12

Als Peer den Brief seiner Schwester erhalten hat, antwortet er sofort. Damit Lilli die Groß- und Kleinschreibung bald besser beherrscht, hat Peer bei manchen Wörtern einen oder mehrere Anfangsbuchstaben ausgelassen. Lilli hat alle Lücken richtig ausgefüllt. Kannst du das auch? Achte auf die Groß- und Kleinschreibung!

Liebe Lilli,

_ anke für deinen lieben Brief. Ich habe mich sehr gefreut. Ich war aber auch etwas neidisch, als ich von dem vielen Eis gelesen habe. _ ie sieht die _ _ _ aukel denn aus? Ist sie so richtig _ roß und aus _ olz? Weil ich etwas _ raurig war, dass ich nicht mitfahren konnte, durfte ich gestern mit _ apa zur _ rbeit fahren und ihm zusehen. Das war vielleicht spannend! Es kam sogar ein Einsatz herein und Papa musste ausrücken. Ich habe so lange bei Frau Schulz _ ewartet. Als Papa und seine Kollegen zurück waren, haben sie mir alles über den Brand erzählt.

So, nun muss ich _ _ _ luss machen.

Grüß Oma und _ pa ganz lieb von mir.

Dein _ eer

Zum Auflockern

Wenn du die Zahlen miteinander verbindest, erfährst du, welchen Beruf der Vater von Lilli und Peer hat.

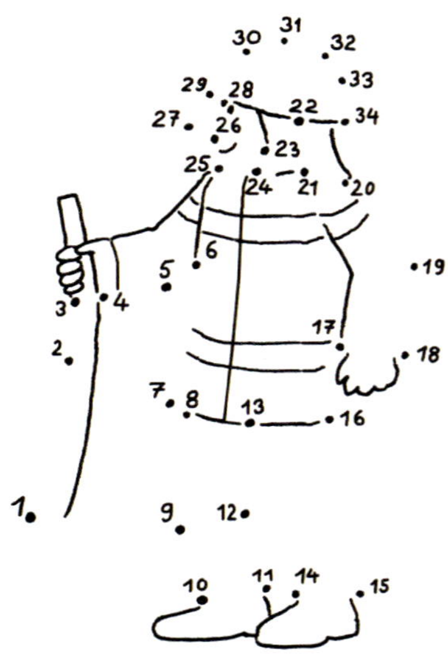

Aufgabe 18 (PUNKTE 8)

In der folgenden Geschichte sind einige großgeschriebene Wörter unterstrichen. Sortiere diese Wörter in die passenden Mülltonnen!

<u>Was</u> ist mit Minka los?

<u>Unsere</u> Katze Minka haben wir schon über vier Jahre. Sie ist ein besonders liebes <u>Tier</u> und schmust für ihr Leben gern.
<u>Doch</u> vor einiger <u>Zeit</u> war Minka verändert. Sie zog sich in ihr Körbchen zurück und blieb dort den ganzen Tag liegen. Sie stand nur auf, um ihr Fressen in der <u>Küche</u> abzuholen. Es war nicht daran zu denken, sie zu streicheln. Sie fauchte sogar, wenn man ihr zu nahe kam.
<u>Meine</u> Familie und ich machten uns große Sorgen um Minka, und meine Mutter brachte sie zum Tierarzt. Ich war sehr aufgeregt, als meine Mutter mit Minka zurückkehrte, aber die <u>Sorge</u> war unbegründet. Minka war überhaupt nicht krank. Sie war schwanger, und bald bekam sie viele süße Katzenbabys.

Bitte nur Nomen einwerfen! (4 Stück) — Bitte nur Überschriften einwerfen! (1 Stück) — Bitte nur Satzanfänge einwerfen! (3 Stück)

Von **20** Punkten habe ich ______ erreicht.

4. Kurze und lange Selbstlaute (Vokale)

Was sind Vokale?

Vokale nennt man auch Selbstlaute. Es gibt fünf Vokale in der deutschen Sprache. Es sind: A, E, I, O, U.

Vokale sind Laute, die ohne die Hilfe eines anderen Lautes klingen.

Eselsbrücke: A, E, I, O, U – der Vokal bist du!

Übung 46

Sprich laut die Vokale vor dich hin und beobachte, wie sich dein Mund dabei verändert!

Zeichne hier die Form deiner Lippen auf, wenn du die verschiedenen Vokale aussprichst!

A: E: I: O: U:

Übung 47

Verbinde die Nomen, die einen gleichen Vokal haben, miteinander!

In „Magermilchjoghurt" kommen alle Vokale in alphabetischer Reihenfolge vor.

Übung 48

Denke dir selbst Wörter aus und trage sie in die passenden Spalten ein!

A	E	I	O	U
Aal	Weg	Tisch	Oma	Flucht

Übung 49

Setze die fehlenden Vokale ein!

a) T _ pf 

d) B _ ll 

g) S _ permarkt 

b) M _ er 

e) St _ hl 

h) Fr _ und 

c) Z _ un 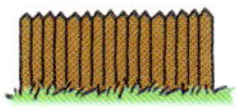

f) R _ gal 

Übung 50

Bilde Wörter mit den folgenden Vokalen!
Beispiel: a + e: Straße

a + e: ____________; i + e: ____________; o + e: ____________

u + e: ____________; e + e: ____________; o + a: ____________

Es gibt vier Buchstaben, die nicht zum Alphabet gehören. Das sind die Umlaute Ä, Ö, Ü und das ß. Früher hat man statt ß zwei s geschrieben. Heute ist das ß daraus geworden. ß gibt es nur als kleinen Buchstaben, da es kein Wort gibt, das mit ß beginnt.

Lange und kurze Vokale erkennen

Was Vokale sind, weißt du nun. Allerdings gibt es zwei Arten von Vokalen: 1. lange Vokale; 2. kurze Vokale

Der (betonte) Vokal in einem Wort kann lang oder kurz sein bzw. klingen. Vokale klingen in der Regel dann kurz, wenn hinter ihnen mehrere oder doppelte Konsonanten folgen. Konsonanten sind alle Buchstaben des Alphabets außer A, I, O, U, E, Ä, Ö und Ü.

Beispiele: Stamm – kurz; Lama – lang; fallen – kurz; leben – lang

Übung 51

Unterstreiche die langen betonten Vokale grün und die kurzen betonten Vokale rot!

Übung 52

In jeder Spalte haben sich zwei Wörter eingeschlichen, die nicht passen! Finde sie und streiche sie durch!

langer betonter Vokal	kurzer betonter Vokal
Riese, Saal, Kissen, Schlachter, Boden, Tapete	Mund, Schlag, Kette, Rechner, fassen, Wal

Vokale vor tz und ck

Wie du jetzt ja weißt, kommen nach kurzen Vokalen häufig doppelte Konsonanten vor.

Hier gibt es Ausnahmen bei z und k. Anstatt z und k nach einem kurzen Vokal zu verdoppeln, schreibt man tz und ck.

Merke also: ~~kk~~ – sondern ck; ~~zz~~ – sondern tz

Übung 53

Kreise ck und tz ein!

Übung 54

Finde selbst jeweils 3 Wörter mit tz und ck!
Nimm keine Wörter aus **Übung 53!**

ck: ....

tz: ....

Übung 55

Füge ck oder tz ein!

stri__ en, wi__ ig, ni__ en, Schne__ e, Ta__ e, si__ en,

bli__ en, Krü__ en, sti__ en, Gla__ e

Eselsbrücke: Nach l, n, r das merke ja, steht nie tz und nie ck!

Versteben

Üben

Das Dehnungs-h

Lies die folgenden Wörter laut! Was fällt dir an den Vokalen auf?

fahren, gehen, rühren, stehen, Pfahl, Mahl, fehlen, Fahrrad, Zahlen

Richtig! Alle betonten Vokale werden lang gesprochen. Das liegt daran, dass hinter ihnen ein h steht.

Ein h hinter einem Vokal ist immer ein Zeichen dafür, dass dieser lang gesprochen werden muss.

Leider kann man dieses h nicht heraushören, sondern muss diese Wörter lernen.

Übung 56

Schreibe die Wörter zu den Bildern.

a) ______________________ 

d) ______________________ 

b) ______________________ 

e) ______________________ 

c) ______________________ 

f) ______________________ 

Übung 57

Sortiere nach uh, eh, ah, oh!
Unterstreiche mit folgenden Farben: uh orange, eh blau, ah rot, oh grün.

Mehl ohne Fehler Vorfahrt Lohn

Gefahr Stuhl Rohr Wahl Rahmen

Zahn ehrlich Verkehr Jahr

Achtung, Konsonantenhäufungen!

Erinnern wir uns: Wenn auf einen Vokal mehrere Konsonanten folgen, wird er kurz gesprochen.
Diese Wörter wollen wir noch einmal genauer betrachten.

Übung 58

Zähle die Konsonanten, die auf den betonten Vokal folgen, und schreibe die Ziffer hinter das Wort!

Übung 59

Wörter, die sich reimen, werden oft ähnlich geschrieben. Finde zu den folgenden Wörtern passende Reimwörter!

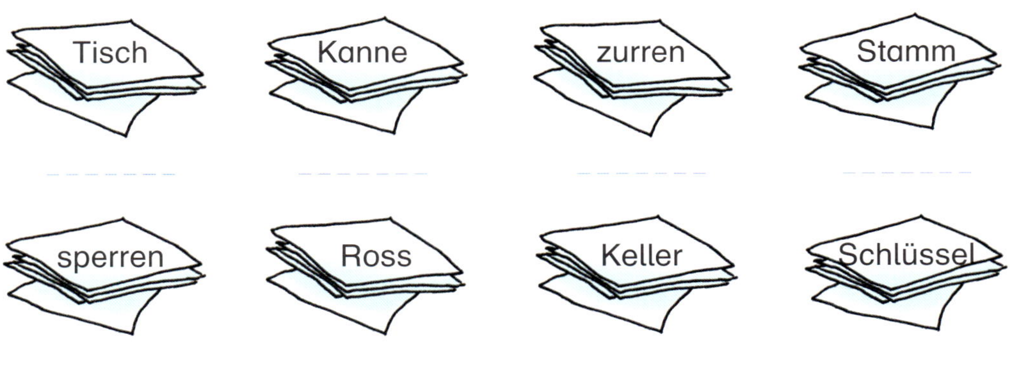

Kannst du es?

Aufgabe 19

PUNKTE 11

Kreise die betonten Vokale ein!

Schule, tanzen, Tische, Kaffee

Küchen, kichern, schlottern

Wale, lachen, küssen, Flure

Aufgabe 20

PUNKTE 6

Finde die sechs Wörter mit einem kurzen betonten Vokal!

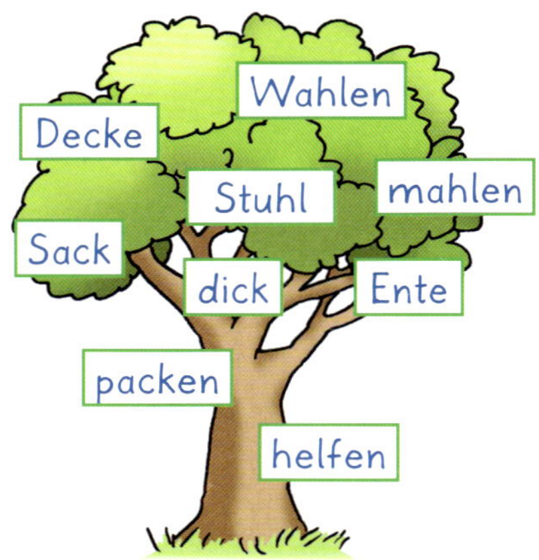

Aufgabe 21

PUNKTE 6

Setze ck oder k ein!

Da   el, E   el,

wa   eln, schi   ,

Windpo   en, qua   en

Aufgabe 22 PUNKTE 8

Mit oder ohne Dehnungs-h? Trage ein h ein, wo es hingehört! Ansonsten lasse das Kästchen frei!

le sen, fa ren,

Zie l, lo ben,

O ren, Za n,

grü n, Wa l

Aufgabe 23 PUNKTE 10

Sortiere nach Anzahl der Konsonanten nach dem betonten Vokal!

Kampf, Schlüssel, Rennen, Tanne, dampfen, klatschen, schlaff, wischen, Kamm, Schlumpf

zwei Konsonanten	**drei Konsonanten und mehr**

Von **41** Punkten habe ich erreicht.

5. Wortfamilien und Wortbausteine

Wörter mit gleichem Wortstamm gehören zu einer Wortfamilie

In Kapitel 4 hast du gelernt, dass Reimwörter oft ähnlich geschrieben werden.

Wörter, die miteinander „verwandt" sind, haben den gleichen Wortstamm und werden ebenfalls oft ähnlich geschrieben oder haben nur einen veränderten Vokal. Dieses Wissen kann dir helfen, Fehler bei der Rechtschreibung zu vermeiden.

Verwandt sind zum Beispiel: laufen – lief – Laufschuh – läufig

Übung 60

Finde die verwandten Wörter und unterstreiche sie mit der gleichen Farbe!

Fantasie, Kühlschrank, Zahnarzt, kühlen

zahnen, fantasieren, kommen, Zähne, kam

Zahn, fantastisch, kühl, kamen, vorkommen

Übung 61

Ergänze die Wörter unten mit anderen Wörtern aus ihrer Wortfamilie!

Sitz – ______ – ______ – ______

Klasse – ______ – ______ – ______

kämpfen – ______ – ______ – ______

schlafen – ______ – ______ – ______

lachen – ______ – ______ – ______

Eine der größten Wortfamilien ist die um das Wort **sehen.** Es gibt über 150 mit **sehen** verwandte Wörter.

Übung 62

Unterstreiche den Teil des Wortes, den alle Wörter einer Wortfamilie gemeinsam haben! Das ist der Wortstamm.

Übung 63

Bilde so viele Wörter mit den Wortstämmen, wie du kannst!

FREUND: freundlich, anfreunden, ______________________

____

TANZ: ______________________

SCHREIB: ______________________

Übung 64

Findest du heraus, mit welchen Wörtern die folgenden Begriffe verwandt sind?

Die Bausteine aus-, ab-, weg-

Aus-, ab-, weg- sind sogenannte vorangestellte Wortbausteine oder **Vorsilben.** Wenn man sie vor bestimmte Wörter stellt, können neue Wörter entstehen. Manchmal treffen dann zwei Konsonanten aufeinander, und du musst aufpassen, dass du beim Schreiben nicht einen vergisst.

ab + brennen: **ab**brennen

aus + sagen: **aus**sagen

Übung 65

Bilde möglichst viele Wörter mit den Vorsilben **aus-, ab-** und **weg!**

schließen, laufen, geben, lachen, tauschen, gehen, schreiben:

weglaufen,

schieben, wischen, schneiden, pusten:

tippen, stellen, blasen:

Übung 66

Finde selbst Wörter mit **ab-, aus-** und **weg-!**

Die Bausteine -lich, -isch, -ig

Findest du heraus, was alle folgenden Wörter gemeinsam haben?
gefährlich, griechisch, tauglich, fränkisch, billig, traurig, unpünktlich
Richtig! All diese Wörter sind Adjektive (Wiewörter).
Wenn du die Wörter aussprichst, wirst du feststellen, dass sie sich am Ende sehr ähnlich anhören.

Damit du keinen Fehler bei der Rechtschreibung machst, hilft es, das Wort mit einem Nomen zu verbinden und es so zu verlängern. Dann hörst du die Endung viel deutlicher.

Beispiele:
billig – ein billiger Wagen; tauglich – ein tauglicher Balken;
gefährlich – eine gefährliche Schlange

Übung 67

Finde ein passendes Nomen zu den folgenden Adjektiven!

kindisch: .... wöchentlich: ....

zügig: .... glücklich: ....

neblig: .... steinig: ....

süßlich: .... ungiftig: ....

Übung 68

Finde ein passendes Adjektiv zu den Bildern und verbinde die Wörter!

malerisch

unheimlich

friedlich

grünlich

freundlich

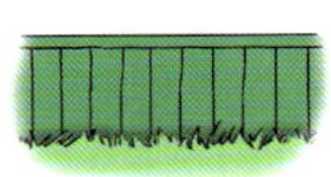

kräftig

Kannst du es?

Aufgabe 24 PUNKTE 9

Finde die Wörter einer Wortfamilie und schreibe sie nebeneinander auf!

Zaun, brennen, Verbindung, brannte, binden, verbrannt, einzäunen, Band, Zaunpfahl

Aufgabe 25 PUNKTE 11

Finde verwandte Wörter zu folgenden Begriffen!

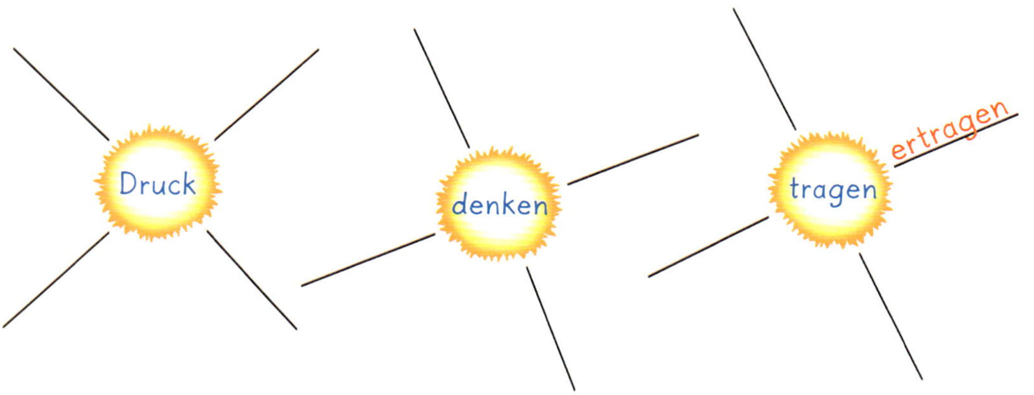

Aufgabe 26 PUNKTE 6

Finde sechs Wörter mit den Wortbausteinen **aus-, ab-** oder **weg-!**

Aufgabe 27

PUNKTE 4

Findest du vier Wörter mit **aus-, ab-** oder **weg-,** in denen zwei Konsonanten aufeinandertreffen?

weggehen,

Aufgabe 28

PUNKTE 6

Kannst du dir Wörter ausdenken und alle Lücken füllen?

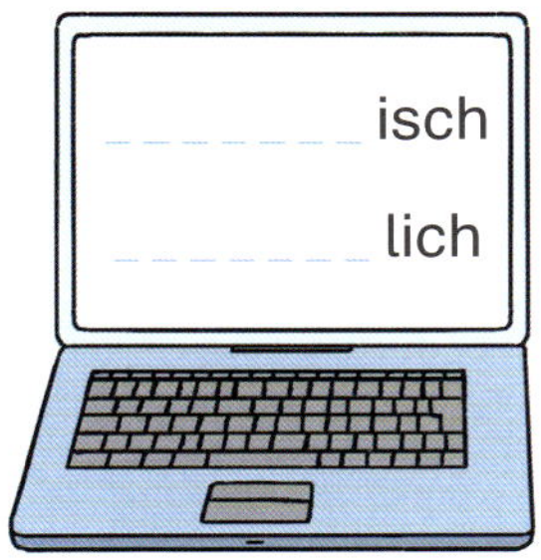

Aufgabe 29

PUNKTE 6

Kennst du die Endungen der folgenden Wörter?

trau

verschwender

unfreund

fried

anhäng

se

Von **42** Punkten habe ich erreicht.

6. Arbeit mit dem Wörterbuch

Alphabetisch sortieren

In einem Wörterbuch sind die Einträge nach dem Alphabet sortiert, damit man genau weiß, wo man bestimmte Wörter zu suchen hat. Als Erstes ist der Anfangsbuchstabe wichtig. Danach schaut man auf den zweiten Buchstaben, dann auf den dritten und immer so weiter.

Übung 69

Hier sind die Wörter durcheinandergeraten. Kannst du sie sortieren?

Gymnastik 1. ______________________

Sauerstoff 2. ______________________

einsammeln 3. ______________________

Patenonkel 4. ______________________

Frankreich 5. ______________________

Dreirad 6. ______________________

Ungeduld 7. ______________________

lautstark 8. ______________________

Kammer 9. ______________________

Harz 10. ______________________

Übung 70

Denke dir sechs Nomen aus und sortiere sie dem Alphabet nach.

1. ______________________ 2. ______________________

3. ______________________ 4. ______________________

5. ______________________ 6. ______________________

Übung 71

Jetzt wird es etwas schwieriger.
Kannst du die Wörter unten trotzdem richtig sortieren?

Kammerkonzert, Kampagne, Kammerzofe, Kammerspiel, Kammer, Kammerjäger, Kammerorchester, Kammersänger

1. ______________________ 2. ______________________

3. ______________________ 4. ______________________

5. ______________________ 6. ______________________

7. ______________________ 8. ______________________

Du hast es geschafft? Klasse!

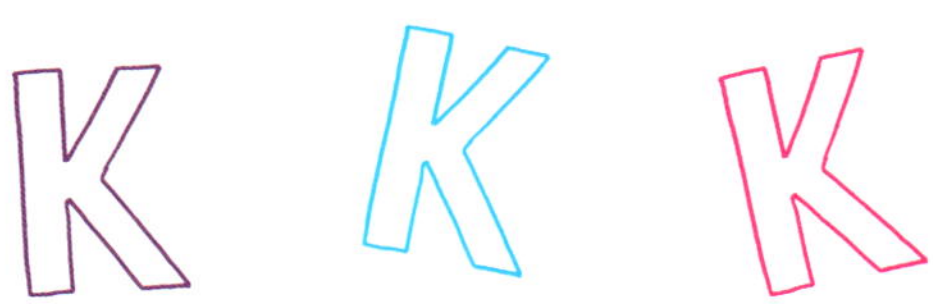

Übung 72

Wenn du die Buchstaben links auf der Karte nach dem Alphabet sortierst, ergeben die Buchstaben rechts auf der Karte einen Lösungssatz.

g	g	q	h	a	G	e	t	t	t
l	m	d	u	p	c	j	e	n	a

Lösungssatz:

Zusammengesetzte Wörter finden

Wenn man zusammengesetzte Wörter wie **gegenlenken** oder **vorbeifahren** im Wörterbuch sucht, kann es passieren, dass man sie nicht findet. Nicht alle zusammengesetzten Wörter stehen im Wörterbuch. Um zu erfahren, wie man sie schreibt, musst du sie zerlegen und dann einzeln nachsehen.

Beispiele:
Turnschuh kommt von Turnen und Schuh.
Bettdecke kommt von Bett und Decke.
Sofatisch kommt von Sofa und Tisch.

Übung 73

Zerlege die folgenden Wörter in ihre zwei Einzelteile!

Badewanne ______________ ______________

Ringfinger ______________ ______________

hellgelb ______________ ______________

Zaunkönig ______________ ______________

auftragen ______________ ______________

Taschenlampe ______________ ______________

Übung 74

Welche zusammengesetzten Wörter werden hier gesucht?

Bilden der Einzahl, der Grundform und der Grundstufe

Bei einigen Wörtern kann es auch zu Problemen beim Nachschlagen kommen.

Beispiele:
Bräute, Stühle, Mäuse, lief, rannte, sprach, größte, länger

Denn um ein Wort zu finden, musst du es
1. in die **Einzahl** setzen: Bräute – Braut,
2. (nur bei Verben) in die **Grundform** setzen: lief – laufen,
3. in die **Grundstufe** setzen: größte – groß.

Übung 75

Verändere die folgenden Wörter so, dass du sie im Wörterbuch finden könntest!

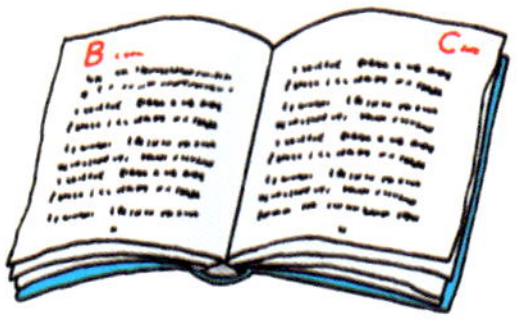

Hände ______	schlief ______
Städte ______	enger ______
schlimmer ______	Bäume ______
sagte ______	Bänder ______
Lämmer ______	stürzte ______
Gäste ______	gesünder ______
Bäder ______	älteste ______

Verstehen

Üben

Kannst du es?

Aufgabe 30

PUNKTE 11

Sortiere die folgenden Wörter nach dem Alphabet!

Donner, Bauarbeiter, links, Familie, Iglu, Zeit,
Märchenbuch, Radio, Firma, Bauch, Muster

Aufgabe 31

PUNKTE 3

In jeder Zeile ist ein Wort am falschen Platz. Finde es und markiere den richtigen Platz in der Reihe, indem du die Worte nummerierst!

a) Gans ; Haus ; Igel ; Hammer ; Mutter

b) Feder ; Maus ; Biber ; Nagel ; Vieh

c) Suppe ; Wasser ; Wiege ; Zucker ; Zettel

Aufgabe 32

PUNKTE 12

Welche Wörter kann man im Wörterbuch finden (blau markieren)?
Welche Wörter müssen noch verändert werden (rot markieren)?

sauste kochten kälter Weg

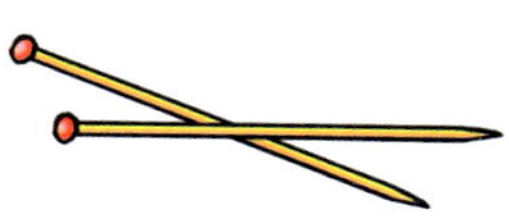

Küche jünger flott

pflückte Arm bügeln strickten Baum

Aufgabe 33 PUNKTE 7

Zerlege die folgenden Wörter!

Esstisch

Sechseck

Kachelofen

Lieblingsauto

hundeelend

kinderlieb

danebenliegen

Aufgabe 34 PUNKTE 7

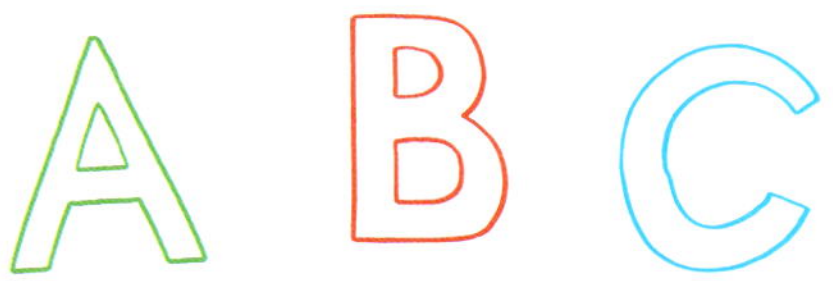

Ordne die zusammengesetzten Wörter aus **Aufgabe 33** nach dem Alphabet!

Von **40** Punkten habe ich erreicht.

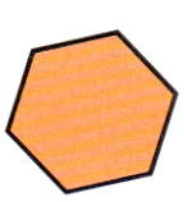

7. Schreiben

Geschichten zu Bildern erzählen

Zu Bildern kannst du Geschichten erzählen. Es ist nicht ganz einfach, so zu erzählen, dass die Geschichte verständlich und spannend ist. Das lernst du in diesem Kapitel.

Die Erzählung zu dem Bild oben könnte so lauten:

Peer und Marie spielen auf dem Spielplatz in der Sandkiste. Plötzlich sieht Marie ein Vogelbaby, das aus dem Nest gefallen ist. Peer und Marie beraten sich, was zu tun ist. Da sehen sie einen Polizisten vorbeigehen. Marie läuft hin und erzählt dem Polizisten, was passiert ist. Dann holen sie gemeinsam eine Leiter, und der Polizist zieht sich Handschuhe an. Er setzt das ängstliche Küken zurück in sein Nest, wo seine Vogelmama schon sehnsüchtig auf ihr verlorenes Kind wartet. Dann lobt er Marie und Peer dafür, dass sie so gut aufgepasst haben.

Übung 76

Hier siehst du eine Nacherzählung zu einer Bildergeschichte. Allerdings sind die Teile der Erzählung durcheinandergeraten. Kannst du sie in der richtigen Reihenfolge nummerieren?

- ☐ Weil Anna abgelenkt ist, sieht sie den großen LKW nicht kommen und will über die Straße gehen.
- ☐ In der Schule erzählt Anna ihren Mitschülern, was geschehen ist.
- ☐ Nach ein paar Minuten setzen die Kinder ihren Schulweg fort.
- ☐ Zum Glück bemerkt Timo den LKW und hält Anna am Arm zurück.
- ☐ Anna erzählt den Jungen von ihrem neuen Meerschweinchen Fips.
- ☐ Anna hat sich sehr erschreckt und muss sich an einer Haltestelle in der Nähe erst einmal hinsetzen, um sich zu beruhigen.
- ☐ Alle sind erleichtert, dass ihr nichts passiert ist.
- ☐ Julian, Anna und Timo sind auf dem Weg zur Schule.

Übung 77

Nun kannst du versuchen, selbst eine Bildergeschichte nachzuerzählen.

Du solltest eine Bildergeschichte immer so schreiben, dass auch jemand, der die Bilder nicht kennt, die Geschichte verstehen kann.

Wiederholungen vermeiden

Vergleiche die folgenden Texte miteinander! Fällt dir etwas auf?

Die Eltern von Peer und Lilli fahren in den Urlaub. Die Eltern von Peer und Lilli bringen Peer und Lilli für die Zeit des Urlaubs bei ihren Großeltern unter. Peer und Lilli freuen sich riesig auf die Zeit bei Peer und Lillis Großeltern.	Die Eltern von Peer und Lilli fahren in den Urlaub. Sie bringen ihre Kinder für die Zeit des Urlaubs bei ihren Großeltern unter. Die Geschwister freuen sich riesig auf die Zeit bei Oma und Opa.

Richtig! Der Text auf der rechten Seite hat nicht so viele Wiederholungen wie der Text links. Wiederholungen zu vermeiden ist wichtig, damit ein Text spannend und lebendig ist.

Übung 78

a) Unterstreiche die Wörter auf der linken Seite, die sich häufig wiederholen.

b) Unterstreiche rechts die Wörter, welche die Wiederholungen ersetzen.

c) Schreibe die Wiederholung und das bessere Wort auf!

Gefühle und Stimmungen ausdrücken

Übung 79

Ordne den Gesichtsausdrücken der Kinder die folgenden Begriffe zu, indem du sie unter den richtigen Rahmen schreibst!

traurig, böse, schwermütig, froh, nachdenklich, freudestrahlend, erbost, zweifelnd, bekümmert, gut gelaunt, fragend, fröhlich, unsicher, zornig, wütend, unglücklich

Übung 80

Ordne die folgenden Ausrufe in die richtige Spalte ein!

„Huch!“

„Sehr schön!“

„Na, so etwas!“

„Juhu!“

„Toll!“

„Oh, nein!“

„Hoppla!“

„Was für ein Pech!“

„Ach du liebes bisschen“

Wenn ich verzweifelt bin, rufe ich:	Wenn ich überrascht bin, rufe ich:	Wenn ich erfreut bin, rufe ich:

Einleitung – Hauptteil – Schluss

Meistens bestehen Geschichten aus drei Teilen:

1) In der **Einleitung** werden die Personen und andere für die Geschichte wichtigen Einzelheiten (z.B. der Ort und die Zeit) beschrieben.
1) Im **Hauptteil** geht es dann richtig los mit der Geschichte. Nun erfährt der Leser, was den Personen in der Geschichte passiert ist.
2) Am **Schluss** erfährt man, wie die Geschichte ausgegangen ist.

Übung 81

Hier siehst du den Anfang und den Schluss einer Geschichte. Benutze deine Fantasie und ergänze den Hauptteil! Danach kannst du die freien Felder passend zu deiner Geschichte ausmalen.

Gregor hat einen Wellensittich. Sein Name ist Bene. Er liebt es, in der Wohnung umherzufliegen und sich auf Gregors Schulter zu setzen. Eines Tages jedoch kann Gregor seinen Vogel nirgendwo finden …

… und bringt ihn zurück in den Käfig. „Noch einmal Glück gehabt", sagt Gregor und holt Bene ein frisches Schälchen mit Wasser.

Überschriften finden

Überschriften sollen immer möglichst genau beschreiben, wovon eine Geschichte oder ein Sachtext handelt. Dabei darf sie nicht zu viel oder zu wenig verraten, zu lang oder zu kurz sein.

Übung 82

Versuche doch einmal, zu der folgenden Geschichte eine passende Überschrift zu finden!

Timo und seine Eltern gehen in den Zirkus. Schon vor dem Zelt sieht Timo eine Menge Tiere: Affen, Pferde, Zebras, Lamas und sogar Giraffen. Doch was ist das? Ein kleines Stück entfernt entdeckt Timo einen Elefanten, der offenbar ganz allein außerhalb des Geheges herumstreunt. Timo läuft schnell zur Zirkuskasse und sagt der Dame hinter dem Schalter Bescheid, die plötzlich sehr nervös aussieht. Gemeinsam mit dem Zirkusdirektor läuft sie in die Richtung des freilaufenden Elefanten und sie versuchen gemeinsam, das Tier mit einem großen Bund Bananen anzulocken. Der friedliche Vierbeiner nähert sich auch sofort, trottet dem Zirkusdirektor hinterher und lässt sich bereitwillig in das Gehege verfrachten.
Zum Dank für seine Aufmerksamkeit erhält Timo für seine Familie Freikarten und so viel Popcorn, wie er essen kann.

Die Überschrift könnte lauten:

Eine eigene Geschichte erfinden

Übung 83

Nun darfst du selbst versuchen, eine eigene Geschichte zu erfinden. Sieh dir das Bild sorgfältig an und erzähle dazu eine Geschichte. Denke an die Einteilung in Einleitung, Hauptteil und Schluss und vermeide Wiederholungen!

Geschafft? Du kannst stolz auf dich sein! Vielleicht findest du ja jemanden, dem du deine Geschichte vorlesen kannst?

Treffend umschreiben

Wenn man in einer Geschichte auch wörtliche Rede verwendet, wird sie lebendiger.
Beispiel: Er sagte, dass er lieber einen Pfannkuchen essen würde.
Besser: „Ich würde lieber einen Pfannkuchen essen!", sagte er.
Allerdings solltest du auch hier darauf achten, dass du Wiederholungen vermeidest.

Übung 84

Hier siehst du einen Teil eines Textes mit Lücken an den Stellen, an denen vorher **sagen** stand. Fülle die Lücken nur mit passenden Wörtern aus der Wolke!

„Hast du nicht in der letzten Woche eine Mathearbeit geschrieben?", ____________________ Finns Mutter. „Kann schon sein", ______________ Finn. „Und? Wie lautet das Ergebnis?", ______________ Mutter. Finn tut so, als hätte er die Frage nicht gehört, denn Finn weiß, dass seine Mutter nicht erfreut sein wird. „Finn!", ______________ sie, „bring mir doch mal bitte dein Arbeitsheft in die Küche!" Finn gehorcht, denn es bleibt nicht viel anderes übrig. Seine Mutter schlägt das Heft auf und ______________: „Ach du meine Güte! Eine Fünf! Wie konnte das passieren?"

Satzglieder umstellen und ersetzen

Mein Vater backt sehr leckeren Kuchen. **Er** backt den besten Blaubeerkuchen auf der Welt. **Er** kauft frische Blaubeeren auf dem Wochenmarkt ein. **Er** muss oft aufpassen, dass meine Schwester und ich nicht die ganzen Blaubeeren verputzen, bevor er mit dem Backen begonnen hat. **Er** kauft manchmal ein paar Blaubeeren mehr ein, damit wir Geschwister ein wenig naschen können.

In der Erzählung oben fangen viele Sätze mit **Er** an. Das ist für den Leser ziemlich langweilig, findest du nicht?

Besser ist es so:
Mein Vater backt sehr leckeren Kuchen. Er backt den besten Blaubeerkuchen auf der Welt. **Auf dem Wochenmarkt** kauft er frische Blaubeeren ein. **Oft** muss er aufpassen, dass meine Schwester und ich nicht die ganzen Blaubeeren verputzen, bevor er mit dem Backen begonnen hat. **Manchmal** kauft er ein paar Blaubeeren mehr ein, damit wir Geschwister ein wenig naschen können.

Übung 85

Überarbeite die Erzählung wie im Beispiel und schreibe sie auf!

Mein liebster Freund ist Anton. **Er** ist der beste Spielkamerad, den ich habe. **Er** darf manchmal bei uns schlafen. **Er** schläft dann meistens auf einer Luftmatratze neben meinem Bett. **Er und ich** erzählen uns dann bis spät in die Nacht Gruselgeschichten.

Verstehen

Üben

Kannst du es?

Aufgabe 35

PUNKTE 15

Schreibe eine Erzählung zu den Bildern! Achte auf Folgendes:

1) Vermeide Wiederholungen.

2) Teile deine Geschichte durch Striche am Rand in Einleitung, Hauptteil und Schluss ein.

3) Finde eine passende Überschrift für deine Geschichte.

Achtung: Bei dieser Aufgabe darfst du dir selbst Punkte geben.
Die Geschichte ist super: **15 Punkte.** Die Geschichte ist in Ordnung: **10 Punkte.** Die Geschichte ist nicht so gut geworden: **5 Punkte.**

Aufgabe 36

PUNKTE 7

Verbessere den Text, indem du

1) wörtliche Rede einfügst und andere Verben für **sagen** findest,

2) Satzglieder ersetzt oder umstellst.

Der Indianerjunge Weiße Feder reitet mit seinem Lieblingspferd Brauner Blitz aus. Weiße Feder mag es, schnell zu reiten. Weiße Feders Eltern sagen oft, dass er vorsichtig sein soll. Weiße Feders Eltern machen sich Sorgen, dass ihm etwas passieren könnte. Weiße Feder findet, dass die Ratschläge von Weiße Feders Eltern überflüssig sind. Weiße Feder ist ein hervorragender Reiter und Weiße Feder ist schließlich schon ein großer Indianer. Weiße Feder sagt dann oft zu seinen Eltern, dass sie sich keine Sorgen machen sollten, denn Brauner Blitz würde ihn schon beschützen.

Von **22** Punkten habe ich ______ erreicht.

8. Beschreibungen verfassen

Informationen finden

In diesem Kapitel geht es um Sachtexte. Im Gegensatz zu Geschichten soll ein Sachtext nicht an erster Stelle spannend oder lebendig geschrieben sein, sondern Informationen über ein bestimmtes Thema liefern.

In diesem Sachtext erfährst du etwas über Fischarten:

Fischarten
Auf der ganzen Welt gibt es ungefähr 25.000 bekannte Fischarten. Diese Zahl hört sich beeindruckend an, sagt aber noch nichts über die wirkliche Anzahl der Fischarten aus. Der Grund dafür liegt im Lebensraum der Fische. Die meisten von ihnen leben in der Tiefsee, einem für Menschen kaum erreichbaren Raum in den Tiefen der Meere. Ständig entdeckt man zufällig oder auf Entdeckungsreisen immer neue Arten in der Tiefsee.

Sachtexte, wie den über die Fischarten, kannst du in Büchern oder im Internet finden. Wenn dich ein Thema besonders interessiert, wirst du in der Bücherei deiner Stadt oder deiner Schule sicher fündig werden. Oft gibt es Fachbücher, die extra für Kinder geschrieben sind. Wenn du im Internet nachsehen möchtest, solltest du unbedingt deine Eltern um Erlaubnis fragen und sie bitten, dir zu helfen.

Übung 86

Zeichne zum folgenden Sachtext über Rotkehlchen ein Bild in den Rahmen!

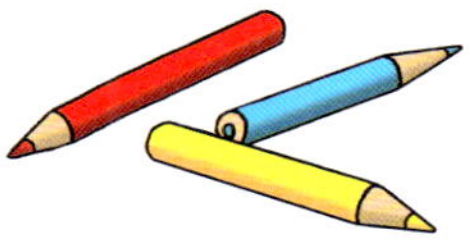

Rotkehlchen

Rotkehlchen sind mit 14 cm etwa sperlingsgroß, aber etwas rundlicher und können zwischen 16 bis 22 g schwer werden. Sie haben im Vergleich zu ihrem Körper lange, dünne Beine.

Die Oberseite und der Schwanz des Rotkehlchens sind oliv und braun gefärbt. An Stirn, Augen, Kehle und Brust ist das Gefieder orangerot gefärbt. Rotkehlchen haben große schwarze Augen, und der Schnabel ist hornbraun.

Merkmale erkennen und formulieren

Sachtexte beschreiben natürlich nicht nur Tiere. Auch Menschen, Pflanzen oder Dinge können Thema eines Sachtexts sein.
Sicher hast du schon einmal eine Personenbeschreibung im Radio gehört. Eine Person genau beschreiben zu können ist zum Beispiel immer dann wichtig, wenn ein Verbrechen passiert oder ein Mensch verschwunden ist.

Übung 87

Fertige ein Phantombild der Frau an, die hier gesucht wird!

„Achtung, eine wichtige Durchsage! Nach einem Banküberfall in der Schillerstraße sucht die Polizei folgende Frau: Sie ist ungefähr 1,60 m groß und hat schwarzes, kinnlanges Haar. Sie trägt eine schwarze Hose und ein gelbes T-Shirt sowie eine Jeansjacke. Als besondere Merkmale hat die Frau einen großen Leberfleck auf dem Kinn und an einem Ohr einen auffälligen Ohrring. Die Gesuchte ist ungefähr 35 Jahre alt und hat eine kräftige Statur. Wer die Frau gesehen hat, verständige bitte umgehend die Polizei."

Passende Wörter wählen

Übung 88

Kreise das passende Wort ein!

a) Einen Kuchen kochen – braten – backen

b) Eine Kartoffel schälen – aufblasen – häuten

c) Einen Lappen ausdrücken – auswringen – ausquetschen

d) Gemüse saubermachen – putzen – reinigen

e) Sahne schlagen – rühren – mixen

Übung 89

Kennst du ein anderes Wort für ...

a) hektisch – ________________

b) nachdenklich – ________________

c) toben – ________________

d) betrübt – ________________

e) preiswert – ________________?

Es gibt Verben, die sehr häufig in Rezepten vorkommen:
schälen, verrühren, hinzufügen, bestreichen, servieren, abmessen, füllen, bestreuen, nehmen, vermengen.

Schreib sie dir doch hier als Lernwörter auf und überprüfe regelmäßig, ob du die Rechtschreibung beherrschst!

____

____

____

Eine Anleitung schreiben

Bestimmt hast du schon einmal ein Kochrezept gesehen. Rezepte dienen dazu, jemandem Schritt für Schritt zu erklären, wie ein bestimmtes Gericht zuzubereiten ist. Außer Rezepten gibt es noch andere Anleitungen, etwa Gebrauchsanweisungen und Bedienungsanleitungen oder auch Arbeitsanweisungen auf Arbeitsbögen.

Übung 90

Ergänze die fehlenden Wörter (du findest sie ganz unten auf der Seite) im folgenden Rezept!

Rezept für saftigen Schoko-Kirschkuchen

Zutaten: 200 g Margarine, 175 g Zucker, 1 Päckchen Vanillinzucker, 1 Prise Salz, 4 Eier, 125 g Mehl, 1 Teelöffel Backpulver, 100 g Schokoflocken, 1 Glas Sauerkirschen

1) Margarine mit dem Rührbesen auf höchster Stufe geschmeidig __________.
2) Zucker, Vanillinzucker und Salz __________ und so lange rühren, bis eine gebundene __________ entstanden ist.
3) Eier nach und nach unterrühren.
4) Mehl mit Backpulver mischen, __________ und portionsweise auf mittlerer Stufe unterrühren.
5) Die Schokoflocken dazugeben und vermengen.
6) Den Teig in eine __________ geben und glattstreichen.
7) Die Sauerkirschen in einem __________ gut abtropfen lassen und auf dem Teig verteilen.
8) Den Kuchen im auf 180 °C __________ Backofen ungefähr 40–45 Min backen.

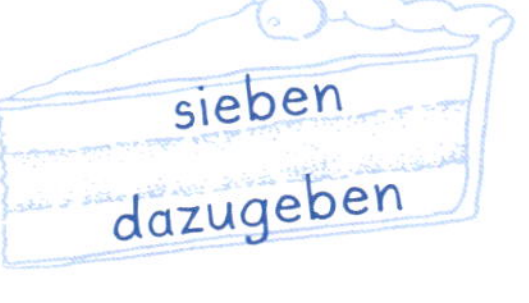

Kannst du es?

Aufgabe 37 PUNKTE 9

Beschreibe das Mädchen so genau wie möglich!
Gib dir für jedes Merkmal, das du beschrieben hast, **einen Punkt!**

Aufgabe 38

PUNKTE 15

Kannst du das Rezept anhand der Bilder aufschreiben?

Rezept für Zitronen-Quarkspeise

Zutaten: 500 g Quark , 1 Tasse Milch, 1/2 Zitrone, 2 EL Zucker

Gib dir für eine sehr gute Anleitung **15,** für eine gute Anleitung **10** und für eine weniger gute Anleitung **5 Punkte!**

Von **24** Punkten habe ich ______ erreicht.

9. Einen Brief schreiben

Eine Einladung verfassen

Es gibt verschiedene Arten von Briefen, die man zu verschiedenen Anlässen schreiben kann, z.B. einen Liebesbrief, einen Entschuldigungsbrief oder eine Einladung. Natürlich unterscheiden sich diese Arten von Briefen, was ihren Inhalt und ihr Aussehen betrifft.

Ein paar Dinge haben alle Briefe gemeinsam:

1) Das Datum des Tages, an dem der Brief geschrieben wurde
2) Eine höfliche Anrede
3) Eine Grußformel
4) Die Unterschrift des Absenders
5) Auf dem Umschlag stehen die Adressen des Empfängers und des Absenders.

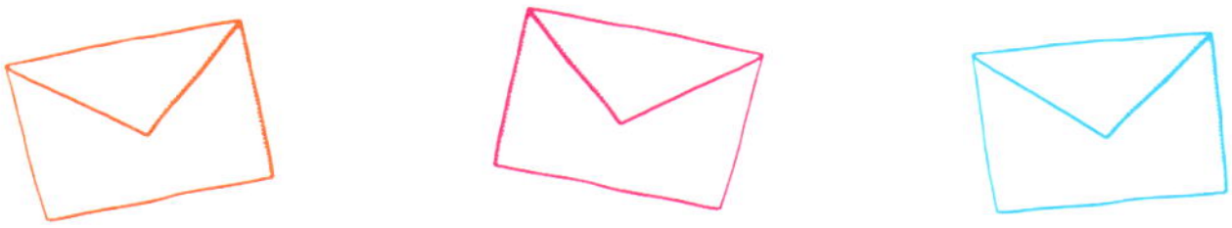

Übung 91

Fülle die Lücken auf der Einladungskarte mit den Lösungswörtern!

------------, ----------

hiermit lade ich dich zu meiner Geburtstagsfeier am 14.02.2010 ein! Bitte bring festes Schuhwerk mit und sei um 15.00 Uhr bei mir zu Hause in der Goethestraße 12. Falls du keine Zeit hast, sage bitte bis zum 10.02. ab. Ich freue mich auf eine nette Feier mit dir!

------------,

Lösungswörter: 18.01.2010 – Liebe Emilie – Viele Grüße – dein Robert

Übung 92

Welche Informationen, die für den Gast wichtig sind, fehlen in der Einladung?

Lieber Leo, 25.06.2009

hiermit lade ich dich zu meinem Kostümfest ein! Das Motto der Feier ist „Superhelden“, also wirf dich in Schale! Ich bitte um Antwort bis zum 15.07.2009.

Viele Grüße

Es fehlen:

Übung 93

Kannst du anhand der Informationen in den Luftballons eine Einladung verfassen?

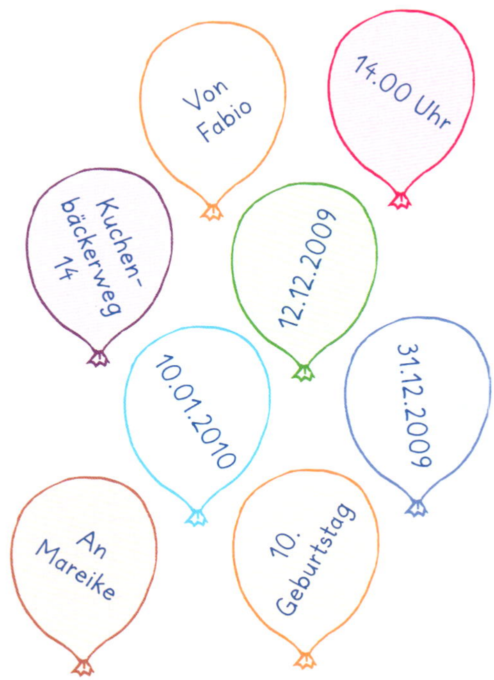

Einen Brief aus dem Urlaub schreiben

Wenn man aus dem Urlaub schreibt, geht es meist darum, zu beschreiben, wie der Urlaubsort und das Wetter sind und wie man seinen Tag verbringt. Überlege dir also genau, was für den Empfänger interessant sein könnte und was es sonst noch Wissenswertes gibt.

Woher das Wort Eselsbrücke kommt:
Esel gehen nicht gern durch das Wasser. Früher, als man Esel noch als Lasttiere benutzt hat, baute man den vorsichtigen Tieren deshalb kleine Brücken über Wasserstellen.

Übung 94

Verfasse einen Brief aus dem Urlaub. Denke dir aus, an welchem Ort du dich aufhältst, wie das Hotel heißt und so weiter!

Versteben

Üben

Kannst du es?

Aufgabe 39

PUNKTE 5

Das haben alle Briefe gemeinsam:

1)

2)

3)

4)

5)

Aufgabe 40

PUNKTE 8

Denke dir selbst einen Anlass für eine Feier aus und schreibe eine Einladung dazu! Du bekommst für jede wichtige Information auf der Einladung **einen Punkt!**

Aufgabe 41

PUNKTE 10

Schreibe einen Fantasiebrief aus dem Urlaub! Fallen dir zehn Dinge ein, über die du berichten kannst?

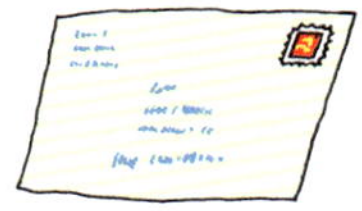

Male danach ein schönes Bild deines Urlaubsorts!

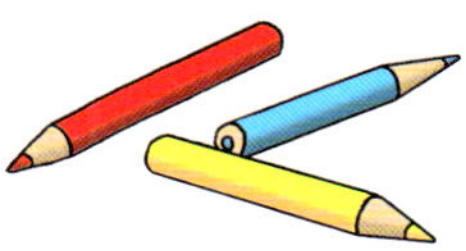

Von **23** Punkten habe ich ______ erreicht.

Verstehen

Üben

10. Texte lesen und verstehen

Wichtige Wörter finden und unterstreichen

Natürlich hast du schon längst Erfahrungen mit Texten gesammelt. Du hast sicher schon Bücher und Zeitungen gelesen. Jetzt geht es darum, die wichtigsten Informationen aus einem Text herauszulesen.
Wenn du einen längeren Text vor dir hast, kann es dir helfen, bedeutende Teile darin zu unterstreichen. Am besten markiert man nur einzelne Wörter, die besonders wichtig erscheinen. Diese Wörter nennt man **Schlüsselwörter,** denn sie helfen, einen Text zu **erschließen.**

Übung 95

Lies den Text aufmerksam durch und unterstreiche, was du für besonders wichtig hältst. Unterstreiche Informationen über Frau Rupert rot und Informationen über Pauli grün!

Frau Rupert lebt in der Steinstraße 365. Sie kann sich ihre Hausnummer besonders gut merken, denn 365 Tage sind ein Jahr. Frau Rupert ist genau 89 Jahre und 154 Tage alt und hat einen Rauhaardackel namens Pauli. Pauli und sein Frauchen leben schon unendlich lange zusammen, zumindest verglichen mit der Dauer eines Hundelebens. Der kleine Dackel zog nämlich bereits mit 9 Wochen bei Frau Rupert ein und ist jetzt stolze 10 Jahre alt.
Frau Rupert und Pauli haben nicht nur die gleiche Adresse, sie verbindet noch viel mehr: Sie mögen beide gern Schnitzel und schlafen meist sehr lange. Außerdem gehen sie gern spazieren und sehen sich sonntags immer einen Krimi an.

Übung 96

a) Markiere die wichtigen Stellen im Text!

Elefanten sind die größten Landsäugetiere der Welt. Die Dickhäuter erlangen im Lauf ihres Lebens ein Gewicht von bis zu 4000 kg.
Ihr Rüssel ist ein sehr vielseitiges Organ, mit dem sie nicht nur Gerüche wahrnehmen, sondern auch Pflanzen pflücken und Wasser aufsaugen können. Die großen Ohren regeln den Wärmehaushalt des Elefantenkörpers.
Elefanten leben meist in Gruppen mit ungefähr sechs Tieren.
Elefantenkinder werden circa vier Jahre von ihrer Mutter gesäugt. Die männlichen Elefanten, die Bullen, leben in der Regel allein oder in Bullenherden.

b) Ergänze die Lücken in den Sätzen!

Elefanten können bis zu __________ wiegen.

Mit ihrem Rüssel können die Tiere ______________________________

____

____

Die Ohren regeln ____

____

Männliche Elefanten leben meistens ___________________________

____

Üben

Fragen zum Text beantworten

Übung 97

Lies dir den folgenden Text aufmerksam durch und beantworte die Fragen. Schaffst du es sogar, ohne noch einmal im Text nachzusehen?

Die 3c macht einen Ausflug

Herr Scheuer macht mit seiner Klasse, der 3c, einen Ausflug in den Wald. Die ganze Klasse ist schon sehr aufgeregt, als sie sich vor der Abfahrt **an der Bushaltestelle** versammelt. Jedes Kind hat einen Beutel bei sich, den es **mit Laub und anderen Fundstücken aus dem Wald** füllen möchte. Dann geht es endlich los. Einer nach dem anderen steigt in den Bus und hofft, einen guten Platz zu ergattern. Eine halbe Stunde dauert die Fahrt, und dann ist die Klasse 3c an ihrem Zielort angekommen. Es **riecht wunderbar frisch hier im Wald,** und die Sonne blinzelt durch die Bäume. Die Kinder verteilen sich, um schöne Fundstücke für ihren Beutel zu finden. **Sandra hat ein ganz besonderes Blatt entdeckt,** auf dem ein schönes Muster zu erkennen ist. **Tom ergattert eine große Buchecker** und zeigt sie stolz herum. Auch die anderen Kinder finden lauter tolle Sachen, die schnell in ihren mitgebrachten Beuteln verschwinden.
Bei der Abfahrt freuen sich die Schüler schon, ihre Waldfundstücke am nächsten Tag der Klasse zu präsentieren.

Frage 1: Wie heißt der Lehrer der 3c?

Frage 2: Was hat jedes Kind bei der Abfahrt bei sich?

Frage 3: Wie lange dauert die Fahrt?

Fragen zum Text stellen

Übung 98

Frage nach den fett gedruckten Stellen des Textes auf Seite 92!
Das Beispiel zeigt dir wie es geht.

Frage: Wo versammelt sich die Klasse?

Antwort: Die Klasse versammelt sich an der Bushaltestelle.

Frage:

Antwort:

Frage:

Antwort:

Frage:

Antwort:

Frage:

Antwort:

Es lohnt sich, die Überschrift eines Textes genau zu untersuchen. Sie gibt meist schon eine nützliche Auskunft über den Inhalt des Textes.

Üben

Lückentexte ergänzen

Übung 99

Lies dir den folgenden Text durch. Fülle anschließend die Lücken. Erinnerst du dich, ohne nochmals im Text nachzusehen?

Kängurus sind Beuteltiere mit besonders kräftigen Hinterbeinen, die sich auf zwei Beinen schnell fortbewegen können. Einige Känguruarten können bis zu 90 kg schwer und bis zu 2 m hoch werden. Der kräftige Schwanz, der als Stütze dient, kann bis zu 75 cm Länge erreichen. Kängurus fressen Gräser, Kräuter, Blätter und Pilze. Gegen den Durst kauen sie auch saftige Wurzeln.
Manche Arten verstecken sich tagsüber und kommen erst in der Abenddämmerung hervor, um auf Nahrungssuche zu gehen.
Die Jungen bleiben häufig bis zu 14 Monate, also über ein Jahr, im Beutel ihrer Mutter und schlüpfen erst danach heraus.

Kängurus sind ____________________ mit besonders kräftigen Hinterbeinen, die sich auf zwei Beinen schnell fortbewegen können. Einige Känguruarten können bis zu 90 kg schwer und bis zu ____ hoch werden. Der kräftige ____________________, der als Stütze dient, kann bis zu 75 cm Länge erreichen. Kängurus fressen Gräser, Kräuter, Blätter und Pilze. Gegen den ____________________ kauen sie auch saftige Wurzeln. Mache Arten verstecken sich tagsüber und kommen erst in der Abenddämmerung hervor, um auf ____________________ zu gehen. Die Jungen bleiben häufig bis zu 14 Monate, also über ein Jahr, im ____________________ ihrer Mutter und schlüpfen erst danach heraus.

Ein Bild beschreiben

Übung 100

Bilder von Personen hast du ja bereits beschrieben. Nun sollst du es einmal mit einem schwierigeren Bild versuchen.
Sieh dir alles genau an und versuche, ein paar Einzelheiten so genau wie möglich zu beschreiben!

Frage dich dabei:
Wen sehe ich auf dem Bild?
Wie sehen die Personen aus?
Was tun sie?

Welche Gegenstände und Gebäude kann man sehen?

Ein beschriebenes Bild ergänzen

Übung 101

Kannst du die Zeichnung von Lisa ergänzen?

Lisa ist 9 Jahre alt und geht in die dritte Klasse. Sie hat rotes Haar und trägt heute einen Zopf. Außerdem hat sie einen roten Pullover an, auf dem drei gelbe und ein grüner Streifen zu sehen sind. Ihre Hose ist blau, und sie hat das linke Hosenbein ein wenig hochgekrempelt. Am rechten Hosenbein ist ein kleines Loch zu sehen. Lisa trägt schwarze Turnschuhe, und ihre Schnürsenkel am rechten Schuh sind offen.
In ihrer Hand hält Lisa ein Buch, auf dem „Lexikon der Tiere" steht.

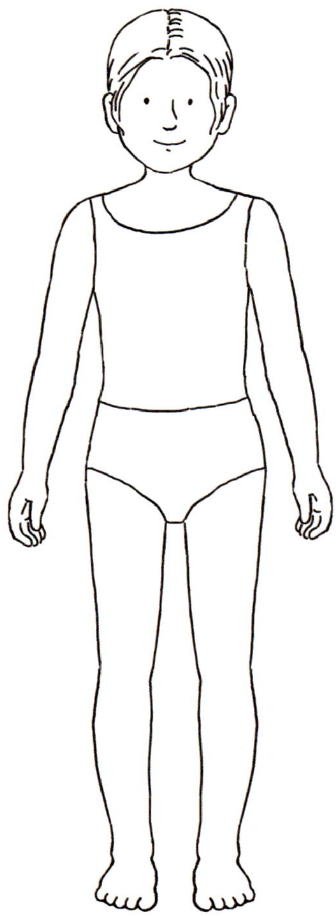

Textausschnitte sortieren

Übung 102

Hier sind die Textteile durcheinandergeraten. Kannst du sie in der richtigen Reihenfolge nummerieren?

Justus und Dennis lösen einen Fall

☐ Trotzdem bekamen Justus und Dennis ein großes Lob von der Polizei und eine Tafel Schokolade von Frau Otte.

☐ Einmal waren Justus und Dennis selbst in einen Fall verwickelt, denn sie hatten beobachtet, wie ein großer dunkelhaariger Mann vor dem Fenster ihrer Nachbarin Frau Otte herumschlich. Die beiden Jungen versteckten sich im Gebüsch und entschlossen sich, den Mann vorerst zu beobachten. Er schlich hin und her und sah sich dabei immer wieder um. Dann plötzlich sprang er an der Fensterbank hoch und stützte sich auf, um kurze Zeit später durch das offene Fenster einzusteigen.

☐ Justus und Dennis mögen Krimis. Wenn ihre Eltern es erlauben, sehen sie sich spannende Filme an und raten mit, wer der Übeltäter sein könnte.

☐ Wie sich herausstellte, handelte es sich um Frau Ottes Neffen, der seine Tante nicht bei der Mittagsruhe stören wollte und deshalb nicht geklingelt hatte.

☐ Da war Justus und Dennis klar, dass sie handeln mussten. Sie liefen, so schnell sie konnten, zu Justus' Eltern, und diese alarmierten aus Sorge um die hilflose Frau Otte die Polizei.

☐ Als die Polizei eintraf und Frau Ottes Wohnung stürmte, trauten die Polizisten ihren Augen nicht: Frau Otte saß seelenruhig auf dem Sofa und trank mit dem Übeltäter eine Tasse Tee.

Die eigene Meinung bilden und begründen

Anna und Dimitri sitzen in der Schule nebeneinander. Heute schreiben sie eine Klassenarbeit, aber Anna hat vergessen zu lernen. Hilflos schaut sie hinüber zu Dimitri. Dieser versteht, was los ist, und schiebt sein Heft ein Stück zu Anna, damit sie die Lösungen sehen kann.

Nach einer Weile bemerkt Herr Söldner jedoch, was die zwei Kinder machen, und nimmt Anna und Dimitri die Hefte weg. Beide Schüler erhalten eine Sechs für ihre Arbeit.

Anna findet das gemein, denn Dimitri wollte ihr doch nur helfen. Außerdem hat er die Lösungen ja selbst gewusst.

Dimitri ist ein bisschen böse auf Anna, da er ihretwegen nun eine Sechs bekommen hat. Schließlich hätte Anna ja auch selbst lernen können. Aber Herr Söldner bleibt hart und begründet seine Entscheidung damit, dass sich beide Schüler falsch verhalten haben.

Übung 103

Vervollständige die Sätze!

Anna fühlt sich ______________________ behandelt.

Dimitri ist ______________________ auf Anna.

Herr Söldner fühlt sich im ______________________.

Übung 104

Lies dir die Meinungen unten durch und kreuze diejenigen an, die deiner eigenen Meinung am ähnlichsten sind.

- ☐ Dimitri muss Anna helfen, weil er ihr Freund ist.
- ☐ Herr Söldner ist unfair, was kann Dimitri dafür?
- ☐ Anna ist gemein, weil sie schuld an Dimitris Sechs ist.
- ☐ Herr Söldner hat recht. Beide Kinder haben sich falsch verhalten.

Verhalten beschreiben

Übung 105

Nach der Mathestunde ist große Pause. Als es klingelt, rennen viele Schüler nach vorn zum Korb mit dem Pausenspielzeug. Plötzlich gibt es Streit. Inga und Ben stehen vor dem Korb und schubsen sich. Frau Holt geht dazwischen und möchte wissen, was los ist.

Inga: „Immer nimmt Ben sich die großen Stelzen. Er rennt noch vor dem Klingelzeichen nach vorn und lässt den anderen überhaupt keine Chance, die Stelzen zu bekommen. Außerdem fängt er sofort an zu schubsen, falls ihm jemand in die Quere kommt."

Ben: „Was kann ich dafür, wenn Inga zu langsam ist? Der Korb ist für alle da, und wenn ich nun mal zuerst da bin, hat sie Pech gehabt. Außerdem habe ich die Stelzen überhaupt nicht jede Pause. Gestern zum Beispiel habe ich in der großen Pause Fußball gespielt."

Aufgabe: Streiche in den folgenden Sätzen durch, was falsch ist!

Inga und Ben sind beste Freunde.

Inga ist sauer auf Ben, weil er selbstsüchtig ist und die großen Stelzen immer für sich haben will.

Ben verliert manchmal die Kontrolle über sich und schubst andere Kinder, falls ihm etwas nicht passt.

Inga findet, dass nur sie die Stelzen benutzen darf.

Ben versteht Inga nicht, denn wer zuerst am Korb ist, bekommt eben die Stelzen.

Inga möchte, dass jeder die Stelzen mal bekommen darf.

Ben fühlt sich ungerecht behandelt, da er die Stelzen nicht jede Pause benutzt, sondern nur manchmal.

Um einen Text wirklich zu verstehen, brauchst du unbedingt Ruhe. Lies besser nicht bei eingeschaltetem Radio, Computer oder Fernseher. Du wirst sehen, dass Konzentration wahre Wunder bewirken kann.

Kannst du es?

Aufgabe 42

PUNKTE 15

a) Markiere die Schlüsselwörter! **(10 Punkte)**

Lina ist richtig gut gelaunt. Gestern hat sie einen Hund bekommen. Lina hat ihn Benno-Bello genannt, weil sie sich nicht zwischen den beiden Namen entscheiden konnte.
Benno-Bello ist ein Bernhardiner und hat wunderbare braune Flecken und große treue Hundeaugen. Lina kennt Benno-Bello zwar noch nicht lange, aber sie hat schon herausgefunden, dass er Milch und Salami mag. Die Salami hat sie heimlich aus dem Kühlschrank genommen, denn eigentlich bekommt Benno-Bello ja Hundefutter. Heute Morgen beim Frühstück hat Papa die Salami gesucht, aber Lina hat behauptet, sie selbst gegessen zu haben.
Lina hält es fast gar nicht aus, wieder nach Hause zu ihrem neuen Vierbeiner zu kommen, und zappelt schon den ganzen Vormittag auf ihrem Stuhl herum. Um eins ist es endlich soweit, und Mama steht mit Benno-Bello vor der Schule, um Lina abzuholen.

b) Beantworte die Fragen zum Text! **(5 Punkte)**

Warum hat Lina ihrem Hund den Doppelnamen Benno-Bello gegeben?

Welche zwei Lebensmittel mag Benno-Bello?

Welcher Rasse gehört Linas Hund an?

Was hat Linas Vater beim Frühstück gesucht?

Wann steht Linas Mutter mit Benno-Bello vor der Schule?

Aufgabe 43 PUNKTE 20

a) Schreibe selbst eine Streitgeschichte wie auf Seite 99! **(10 Punkte)**

b) Wer hat in deiner Geschichte recht, wer hat unrecht? Kannst du deine Meinung begründen? **(10 Punkte)**

Gib dir selbst Punkte! Wenn du zufrieden bist, **10 Punkte** pro Aufgabe, und wenn deine Lösung besser sein könnte, **5 Punkte** pro Aufgabe.

Von **35** Punkten habe ich ______ erreicht.

Teste, ob du den Stoff der dritten Klasse wirklich kannst!

Liebe/r ________________________,

nun hast du es geschafft, das ganze Buch durchzuarbeiten. Dafür kannst du stolz auf dich sein. Auf den folgenden Seiten befindet sich das Finale des Buches: der große Abschlusstest. Du musst den Test nicht auf einmal bearbeiten, nimm dir lieber Zeit und löse eine Seite pro Tag. Wenn du auf Platz 1 oder 2 des Siegertreppchens stehst, bist du ein wirklicher Profi. Falls du es einmal nur auf Platz 3 schaffst, ist es auch nicht schlimm, aber sieh dir dann die Seiten dazu im Buch noch einmal an.

Und nun viel Erfolg beim Abschlusstest!

Wortarten

Aufgabe 44

PUNKTE 18

Bilde die Mehrzahl der folgenden Nomen und ergänze den bestimmten Artikel!

der Affe – ____________________

____ Bett – ____________________

____ Schrank – ____________________

____ Eltern

____ Maus – ____________________

____ Vater – ____________________

____ Teller – ____________________

Aufgabe 45

PUNKTE 14

Setze die Verben einmal in die Vergangenheit und einmal in die Zukunft!

ich/einkaufen: ____________________ – ____________________

du/schreiben: ____________________ – ____________________

er/weglaufen: ____________________ – ____________________

sie/springen: ____________________ – ____________________

wir/vorlesen: ____________________ – ____________________

ihr/vergessen: ____________________ – ____________________

sie/aufsammeln: ____________________ – ____________________

Aufgabe 46 (6 Punkte)

Finde verwandte Adjektive!

Haus ________	Gedanke ________	Winzling ________
Erbe ________	Trauer ________	Freude ________

31–38 Punkte: Platz 1; **19–30 Punkte:** Platz 2; **0–18 Punkte:** Platz 3

1

2 3

Aus Wörtern werden Sätze

Aufgabe 47 (8 Punkte)

Unterstreiche das Subjekt rot und das Prädikat blau!

a) Frau Tamms besitzt zwei Dackel.
b) Luisa fährt mit dem Fahrrad zur Schule.
c) Mein Meerschweinchen schläft tagsüber.
d) Ayshe vergisst nie ihre Hausaufgaben.

Aufgabe 48 (4 Punkte)

Kannst du die richtigen Satzzeichen ergänzen?

a) Könntest du deiner Oma bitte die Tasche tragen _
b) Bring die Handtücher bitte ins Badezimmer _
c) Meistens bellt unser Hund, wenn Fremde an der Tür klingeln _
d) Hast du gehört, was die Lehrerin gesagt hat _

Aufgabe 49 (8 Punkte)

Ergänze Anführungszeichen für die wörtliche Rede!

a) Opa sagte: Früher war alles anders.
b) Ich habe keinen Hunger mehr, sagte Tanja.
c) Wisch den Boden, Emil!, rief Mutter.
d) Hast du noch einen Bleistift für mich?, fragte Herr Teuer.

16–20 Punkte: Platz 1; **10–15 Punkte:** Platz 2; **0–9 Punkte:** Platz 3

1	
2	3

Groß- und Kleinschreibung, kurze und lange Selbstlaute

A a

Aufgabe 50 (6 Punkte)

Kreise die Wörter ein, die eigentlich großgeschrieben werden!

hüpfen, mutter, schminken, lesen, lehrerin, schimpfen, kratzen, auto, ordnen, bügelbrett, computer, Frau meier

Aufgabe 51 (6 Punkte)

e

Kreise die langen betonten Vokale ein!

schlafen
tüfteln
Ahnung
Saal
schicken
hacken
wir
Tag
dehnen
Krücke

u i

Aufgabe 52 PUNKTE 6

Setze ck oder k ein!

14–18 Punkte: Platz 1; **9–13 Punkte:** Platz 2; **0–8 Punkte:** Platz 3

1

2 3

Wortfamilien und Wortbausteine

Aufgabe 53 PUNKTE 8

Finde jeweils zwei verwandte Wörter!

Blick – ____________ – ____________; schenken – ____________ – ____________

Spiel – ____________ – ____________; salzig – ____________ – ____________

Aufgabe 54 PUNKTE 6

Ergänze zu einem vollständigen Wort deiner Wahl!

ab__________; aus__________; weg__________

______rennen; ______laufen; ______schneiden

10–14 Punkte: Platz 1; **5–9 Punkte:** Platz 2; **0–4 Punkte:** Platz 3

1

2 3

Arbeit mit dem Wörterbuch

Aufgabe 55 (Punkte 12)

Sortiere nach dem Alphabet und schreibe die Wörter in der richtigen Reihenfolge auf!

Kilogramm, Baumstamm, Einladung, Gitter, Jahreszeit, November, Hotel, frieren, quietschen, Besen, Tante, Muschel

1. ______________ 2. ______________

3. ______________ 4. ______________

5. ______________ 6. ______________

7. ______________ 8. ______________

9. ______________ 10. ______________

11. ______________ 12. ______________

Aufgabe 56 (Punkte 10)

Verändere die Wörter so, dass du sie in einem Wörterbuch finden könntest.

am ältesten: ______________; grüner: ______________

versuchte: ______________; lauter: ______________

rief: ______________; gingen: ______________

niedlicher: ______________; am schnellsten: ______________

schneite: ______________; fuhr: ______________

18–22 Punkte: Platz 1; **11–17 Punkte:** Platz 2; **0–10 Punkte:** Platz 3

1

2 3

Schreiben

Aufgabe 57 (4 Punkte)

Ersetze das Wort „sagen" mit Wörtern deiner Wahl!
Schreibe die neuen Sätze auf!

„Heute spielen wir Fußball", sagte Frau Timm. „Ich wünsche mir einen neuen Hund", sagte Isa. „Draußen ist es sehr kalt", sagte Papa.

Aufgabe 58 (2 Punkte)

Schreibe einen Ausruf auf, der zeigt, dass du glücklich bist, und einen Ausruf, der zeigt, dass du überrascht bist!

Aufgabe 59 (10 Punkte)

Schreibe eine Bildbeschreibung zu dem Bild rechts auf ein Blatt Papier! Vermeide Wiederholungen!

12–16 Punkte: Platz 1; **6–11 Punkte:** Platz 2; **0–5 Punkte:** Platz 3

1

2 3

Beschreibungen verfassen

Aufgabe 60

PUNKTE 10

Beschreibe das abgebildete Tier mit mindestens fünf Merkmalen!

Gib dir für jedes beschriebene Merkmal **zwei Punkte!**

Aufgabe 61

PUNKTE 10

Kannst du die folgende Anleitung ausführlicher schreiben?
Gib dir für jeden vollständigen Satz **zwei Punkte!**

200 g weiche Butter, 120 g Zucker, rühren; 1 Ei dazu, mit Mixer mischen; 200 g Mehl, 1 Tüte Backpulver sieben, unterrühren; 250 g Schokoflocken dazu, vermengen; bei 180 °C 45 min backen

16–20 Punkte: Platz 1; **10–15 Punkte:** Platz 2; **0–9 Punkte:** Platz 3

1

2 3

Einen Brief schreiben

Aufgabe 62 PUNKTE 14

Schreibe eine Einladung anhand der Informationen, die du hier lesen kannst! Gib dir für jede benutzte Information **zwei Punkte!**

von Lilli

16.01.2010

10. Geburtstag

Kirchenweg 15

16 Uhr

14.02.2010

an Kerstin

Aufgabe 63 PUNKTE 12

Schreibe einen Brief aus dem Urlaub auf ein Blatt Papier!
Benutze die Stichworte oder denke dir etwas aus. Denk auch an die auf S. 85 genannten Dinge. Gib dir für jede Zeile im Brief **zwei Punkte!**

schöner Strand

leckeres Frühstück

viele Sehenswürdigkeiten

30° C

nette Kinder kennengelernt

manchmal Regen

21–26 Punkte: Platz 1; **14–20 Punkte:** Platz 2; **0–13 Punkte:** Platz 3

1

2 3

Texte lesen und verstehen

Aufgabe 64 (18 Punkte)

a) Unterstreiche im folgenden Text die Schlüsselwörter!

Emil ist sehr aufgeregt, denn er kommt heute in eine neue Klasse. Eigentlich wohnt Emil in Norwegen, aber sein Vater hat in Deutschland einen guten Arbeitsplatz gefunden, und die Familie ist mit ihm in das fremde Land gezogen. Emil war erst sehr wütend auf seine Eltern, denn sie hatten überhaupt nicht gefragt, wie er es finden würde, in Deutschland zu leben. Aber nach und nach hatte Emil sich mit dem Gedanken angefreundet, und bald freute er sich sogar. Heute allerdings ist Emil eher zum Weinen zumute, denn er steht vor 26 neugierigen Augenpaaren, die ihn interessiert mustern. Die Lehrerin, Frau Matz, stellt Emil vor, und sofort bieten ihm zwei Jungen einen Platz an. Auch die anderen Schüler sehen freundlich aus. Der Junge aus Norwegen findet Deutschland plötzlich richtig toll und ist gespannt, was ihn alles erwartet. Als er nach Hause kommt, freut er sich schon richtig auf den nächsten Schultag in seiner neuen Klasse.

b) Beantworte die Fragen zum Text! **(8 Punkte:** jede richtige Antwort **2 P)**

Woher kommen Emil und seine Familie? ______________________

____

Wie heißt Emils neue Lehrerin? ______________________

Wie viele Kinder sind in Emils neuer Klasse? ______________________

____

Wie hat Emil zuerst auf die Nachricht vom Umzug reagiert? __________

____

c) Emil war zuerst sehr wütend auf seine Eltern. Wie hättest du an Emils Stelle reagiert? Begründe deine Meinung und schreibe sie in ein Schreibheft! Für jeden ganzen Satz gibt es zwei Punkte. **(10 Punkte)**

14–18 Punkte: Platz 1; **8–13 Punkte:** Platz 2; **0–7 Punkte:** Platz 3

	1	
2		3

Typische Aufgaben für Vergleichsarbeiten

Lesen

Eine Taube saß an einem kleinen Bach und trank etwas. Da entdeckte sie eine Ameise, die im Wasser schwamm und verzweifelt versuchte, an Land zu gelangen. Die Taube überlegte nicht lange und brach einen Grashalm ab, um der Ameise eine Brücke zu bauen. Die kleine Ameise kletterte darüber und brachte sich an Land in Sicherheit. Die Taube trank noch ein wenig weiter und suchte sich ein ruhiges Plätzchen für die Mittagsruhe.
Wenig später kam ein junger Mann vorbei, der auf der Suche nach einem geeigneten Mittagessen war. Er erblickte die schlafende Taube und spannte siegessicher seinen mitgebrachten Bogen.
Die Ameise sah, was der junge Mann vorhatte, kletterte empört auf dessen Fuß und zwickte ihn gehörig. Der Mann schrie auf und schlug nach der kleinen Ameise, die aber schon längst wieder verschwunden war. Der Schrei des Mannes schreckte die Taube auf, die wild flatternd floh. Die kleine Ameise saß zufrieden in ihrem Versteck und freute sich, dass sie sich auf diese Art bei der Taube bedanken konnte.

Aufgabe 65

Beschreibe mit deinen eigenen Worten den Inhalt der Geschichte! Benutze dafür dein Schreibheft.

Aufgabe 66

Welche der Überschriften passt zum Text? Kreuze an.

a) Die egoistische Taube

b) Der freundliche Mann

c) Die Ameise und die Taube

Aufgabe 67

Welche Adjektive beschreiben die Ameise in der Geschichte gut? Kreuze an.

a) hilfsbereit

b) gemein

c) lahm

d) klug

e) gewitzt

f) neidisch

Aufgabe 68

Bringe die Teile der Geschichte durch Nummerieren in die richtige Reihenfolge.

☐ Die Taube überlegte nicht lange und brach einen Grashalm ab, um der Ameise eine Brücke zu bauen.

☐ Die kleine Ameise saß zufrieden in ihrem Versteck und freute sich ...

☐ Eine Taube saß an einem kleinen Bach und trank etwas.

☐ Er erblickte die schlafende Taube und spannte siegessicher seinen mitgebrachten Bogen.

Sprache untersuchen

Aufgabe 69

Markiere alle Verben!

Der Mann schrie auf und schlug nach der kleinen Ameise, die aber schon längst wieder verschwunden war. Der Schrei des Mannes schreckte die Taube auf, die wild flatternd floh.
Die kleine Ameise saß zufrieden in ihrem Versteck und freute sich, dass sie sich auf diese Art bei der Taube bedanken konnte.

Aufgabe 70

In jeder Reihe gehört ein Wort nicht dazu. Streiche es durch.

a) stehlen, klauen, fangen, berauben, räubern

b) schreiben, notieren, nachsehen, aufschreiben, vermerken

c) strahlen, erhellen, funkeln, verdunkeln, beleuchten

Aufgabe 71

Schreibe die unterstrichenen Verben in der Grundform auf.

Eine Taube saß an einem kleinen Bach und trank etwas. Da entdeckte sie eine Ameise, die im Wasser schwamm und verzweifelt versuchte an Land zu gelangen.
Die Taube überlegte nicht lange und brach einen Grashalm ab, um der Ameise eine Brücke zu bauen. Die kleine Ameise kletterte darüber und brachte sich an Land in Sicherheit.

Lösungen

Übung 1

der Tisch – die Tische; das Buch – die Bücher; die Spinne – die Spinnen; der Bleistift – die Bleistifte; das Telefon – die Telefone; die Tür – die Türen; der Anhänger – die Anhänger; die Kette – die Ketten; die Tapete – die Tapeten; die Katze – die Katzen

Übung 2

a) **Einzahl:** Klasse, Schulhof, Krankenwagen, Blaulicht, Fahrzeug, Wort, Krankenwagen, Schule, Ordnung, Krankenwagen, Verhalten, Klassenraum, Vorfall
b) **Mehrzahl:** Kinder, Schüler, Schultern, Kinder, Mitschüler, Schüler, Schultern, Eltern, Eltern
c) Das Wort, das es **nur in der Mehrzahl** gibt, lautet: Eltern.

Übung 3

ein Haus, ein Junge, eine Telefonzelle, ein Computer, ein Regal

Übung 4

Affe – der Affe – ein Affe; Geburtstagsfeier – die Geburtstagsfeier – eine Geburtstagsfeier; Laus – die Laus – eine Laus; Nilpferd – das Nilpferd – ein Nilpferd; Zirkus – der Zirkus – ein Zirkus; Supermarkt – der Supermarkt – ein Supermarkt

Übung 5

Meine Schwester Annika mag keine Puppen, sagt sie. **Sie** spielt lieber mit ihrem Auto. Annikas Auto ist rot mit gelben Streifen an der Seite, und **es** kann allein fahren, wenn man es aufgezogen hat.
Mein Vater hat Spaß daran, im Garten zu arbeiten. **Er** hegt und pflegt dort seine vielen Blumen. Eine Blume mag ich besonders gern. **Sie** heißt Vergissmeinnicht.

Übung 6

SIna und Timo lachen – sie lachen; Ina und ich lachen – wir lachen; Gregor lacht – er lacht; Frau Müller lacht – sie lacht; Frau Müller und ich fegen – wir fegen; Ina und Sina fegen – sie fegen; Frau Müller fegt – sie fegt; Peer und du fegt – ihr fegt

Übung 7

ich – singe;
du – tanzt (auch er oder sie); wir – laufen;
sie – schreit (auch er oder es); ich – pfeife;
er – sitzt (auch sie oder es)

Übung 8

Der Nachbar spricht mit seiner Frau.
Mit **wem** spricht der Nachbar?
Wer spricht mit seiner Frau?
Frau Müller sammelt Timos Heft ein.
Wessen Heft sammelt Frau Müller ein?
Wer sammelt Timos Heft ein?

Übung 9

Die Maus ist schon ein gewitztes Tierchen. Obwohl manche Menschen sich die größte Mühe geben, sie mit Käse anzulocken und zu fangen, fällt sie nicht immer auf diesen Trick herein. **Der Maus** kommt es dann sehr verdächtig vor, dass es dieses Stück Käse einfach so umsonst geben soll. Sie wittert Gefahr und verschwindet schnell.
Die Maus kann man allerdings auch zähmen und dann als Haustier halten. **Mäuse** brauchen ausreichend Platz und einen Spielkameraden

Übung 10

Bei wem durfte Schneewittchen wohnen?
Bei den sieben Zwergen.
Wem hat die böse Königin einen vergifteten Apfel geschenkt?
Dem Schneewittchen.

Aufgabe 1

Maus – Mäuse; Laus – Läuse; Tisch – Tische; Bett – Betten; Fahrrad – Fahrräder; Halstuch – Halstücher; Kissen – Kissen; Laden – Läden

Aufgabe 2

1. Spalte: er, sie, es – der Hund; die Katze
2. Spalte: wir – meine Mutter und ich; meine Klasse und ich
3. Spalte: sie (Mehrzahl) – der Hund und die Katze; die Mädchen; meine zwei Freundinnen; Peer und seine Lehrerin

Aufgabe 3

der Hund, eine Glocke, ein Gartenhäuschen, die Kinder, das Pausenklingeln, die Hundehütte, eine Brotdose, die Spardose, der Teller, ein Fußball, der Lehrer

Aufgabe 4

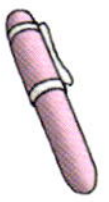

Sina darf den Füller ihrer Freundin benutzen. Wessen Füller darf Sina benutzen?
Peer gibt seinem Vater ein Stück Schokolade. Wem gibt Peer ein Stück Schokolade?
Marie mag ihre Puppe. Wen mag Marie?

Übung 11

a) Gregor geht in die dritte Klasse. Er mag Fußball. Er lebt in Hamburg. Er kann sehr gut zeichnen.
Ina kommt aus Bremen. Sie besucht die vierte Klasse. Sie findet Fußball langweilig. Sie liebt ihren Stoffelefanten Bimbo.

b) geht – gehen; mag – mögen; lebt – leben; kann – können; zeichnen – zeichnen; kommt – kommen; besucht – besuchen; findet – finden; liebt – lieben

Übung 12

ich laufe; du läufst; er, sie, es läuft; wir laufen; ihr lauft; sie (Mehrzahl) laufen

Übung 14

Mir fällt auf, dass ich das Verb zerlegen muss, um Sätze zu bilden, z.B. nachfragen: Ich frage nach.

Übung 15

Ina mag Tee: **Gegenwart;** Peer spielte am Samstag Fußball: **Vergangenheit;** Meine Lehrerin ermahnte mich: **Vergangenheit;** Sein Bruder Justus fiel direkt auf sein Knie: **Vergangenheit;** Herr Schwarze ruft seine Schwiegermutter an: **Gegenwart;** Timo vergisst seine Federtasche in der Schule: **Gegenwart**

Übung 16

ich laufe – ich lief; du gehst – du gingst; sie hört – sie hörte; wir schlafen – wir schliefen; sie essen – sie aßen; ich schreibe – ich schrieb; es regnet – es regnete

Übung 17

Ich **bin** Marie. Ich **gehe** in die dritte Klasse, und mein Lieblingsfach **ist** Deutsch. Meine Klassenlehrerin **heißt** Frau Stein. Frau Stein **ist** sehr nett, und der Unterricht mit ihr **macht** richtig Spaß. Am liebsten **habe** ich in der Schule aber die Pausen. Da **tobe** ich immer so richtig herum.
Ich bin – ich war; ich gehe – ich ging; ich heiße – ich hieß; ich bin – ich war; ich mache – ich machte; ich habe – ich hatte; ich tobe – ich tobte

Übung 18

Meine Schwester wird eine Katze haben.
Peer wird ein spannendes Buch lesen.
Sina wird einen Erdbeerjoghurt essen.
Oma wird uns besuchen.
Unser Hund wird einen Knochen besitzen.

Übung 19

lachen – du wirst lachen; kichern – du wirst kichern; kleben – du wirst kleben; glitzern – du wirst glitzern; singen – du wirst singen; sammeln – du wirst sammeln; raten – du wirst raten; schlafen – du wirst schlafen; nicken – du wirst nicken

Übung 21

ich springe – ich sprang – ich werde springen; du rennst – du ranntest – du wirst rennen; sie isst – sie aß – sie wird essen; wir fahren – wir fuhren – wir werden fahren; ihr schreibt – ihr schriebt – ihr werdet schreiben; wir sortieren – wir sortierten – wir werden sortieren; er träumt – er träumte – er wird träumen; sie trägt – sie trug – sie wird tragen; sie schlafen – sie schliefen – sie werden schlafen; ich zeige – ich zeigte – ich werde zeigen; du sprichst – du sprachst – du wirst sprechen; ihr lest – ihr last – ihr werdet lesen; ich hinke – ich hinkte – ich werde hinken; du tanzt – du tanztest – du wirst tanzen; er fällt – er fiel – er wird fallen; sie hustet – sie hustete – sie wird husten

Übung 23

Du brauchst Ina nicht vorzusagen. Sie kann die Antwort selbst geben. Mama und Papa müssen manchmal etwas besprechen. Gemeinsam sind wir zu viele. Wir müssen uns aufteilen. Wenn du möchtest, kannst du schon vorgehen. Wenn es laut ist, kann man sich leicht verhören.

Übung 24

~~einsprechen~~; ~~aufsingen~~

Übung 25

Ich bat meine Mutter um ein Stück Schokolade. Wir baten meine Mutter um ein Stück Schokolade.

Ich erschrak, als unsere Katze plötzlich hervorkam. Wir erschraken ...
Ich grub ein tiefes Loch. Wir gruben ...
Mein Pony zog unsere kleine Kutsche. Wir zogen ...
Ich fand einen sehr schönen Stein. Wir fanden ...

Aufgabe 5

laufe lief werde laufen; renne rannte werde rennen; spreche sprach werde sprechen; lüge log werde lügen; ziehe zog werde ziehen

Aufgabe 6

feiern – wir feiern – du feierst;
spielen – wir spielen – du spielst;
schreiben – wir schreiben – du schreibst

Aufgabe 7

zog, riet, schrieb, sprang, stand, trank, trug

Aufgabe 8

Beispiellösung:
verlaufen, verschreiben; bezahlen, beantworten; einschlafen, einkreisen; auflegen, aufwachen; vorlesen, vorsingen

Übung 26

Zum Beispiel:
duftend, zart, bunt, hübsch

Übung 27

laut – lauter; schnell – schneller; nett – netter; süß – süßer; winzig – winziger; unhöflich – unhöflicher

Übung 28

Der Reisebus ist schneller als das Fahrrad. Das Auto ist am schnellsten.
Der Hamster ist kleiner als der Hund. Die Ameise ist am kleinsten.
Der Baum ist höher als der Busch. Das Haus ist am höchsten.

Übung 29

Zum Beispiel:
Ein Eisberg ist kälter als eine Wärmflasche.
Nachts ist es dunkler als am Tag.
Ein Blatt Papier ist leichter als ein Buch.

Übung 30

traurig; pünktlich; günstig; schmutzig; magnetisch; hinterlistig; quadratisch; niedrig; gelblich

Übung 32

malerisch – malen; zerbrechlich – zerbrechen; zerstörerisch – zerstören; beweglich – bewegen; traurig – trauern; spielerisch – spielen; lächerlich – lachen; kämpferisch – kämpfen; vergesslich – vergessen

Übung 33

ängstlich – Angst; vorbildlich – Vorbild; traurig – Trauer; verbrecherisch – Verbrechen; träumerisch – Traum; sommerlich – Sommer; winterlich – Winter; ordentlich – Ordnung; wesentlich – Wesen

Aufgabe 9

leicht – leichter – am leichtesten;
gut – besser – am besten;
langsam – langsamer – am langsamsten;
klein – kleiner – am kleinsten;
nett – netter – am nettesten;
dünn – dünner – am dünnsten;
hoch – höher – am höchsten;
kurz – kürzer – am kürzesten

Aufgabe 10

glauben – gläubig; schlafen – schläfrig; kleben – klebrig; salzen – salzig; würzen – würzig; klappern – klapperig; lachen – lächerlich; rutschen – rutschig; fantasieren – fantastisch

Aufgabe 11

lächerlich, gläubig, zeichnerisch, leserlich, umgänglich, häufig, hörbar

Aufgabe 12

Meine Oma ist die netteste Frau der Welt. Sie hat immer die leckersten Süßigkeiten in ihrem Schrank und kann die tollsten Geschichten erzählen. Außerdem kann meine Oma den besten Rosinenkuchen backen. Der schmeckt so vorzüglich, dass kein Stück übrig bleibt. Am liebsten mag ich die Weihnachtszeit bei meiner Oma. Sie kennt unendlich viele alte Weihnachtslieder und macht die köstlichsten Plätzchen.

Übung 34

Meine Mutter mag Schokotorte. Wer mag Schokotorte? Mein Hund trinkt gern Milch. Wer trinkt gern Milch? Deine Freundin läuft Schlittschuh. Wer läuft Schlittschuh? Der Busfahrer fährt den Bus. Wer fährt den Bus? Unsere Nachbarin harkt den Garten. Wer harkt den Garten?

Übung 36

Der Postbote bringt dir Briefe.
Die Schüler lernen fleißig.
Die Bäckerin backt leckeres Brot.
Die Lehrerin schreibt an die Tafel.
Die Feuerwehrleute löschen Brände.
Der Fleischer verkauft Fleisch.

Übung 37

a) Peer und seine Eltern schlendern über den Jahrmarkt. Dort gibt es viele Karussells und Buden mit leckeren Dingen. Peer fragt, ob er eine Tüte Pommes Frites bekommt. Peers Vater nickt und nimmt seine Geldbörse heraus. Peer läuft zum Stand mit den Pommes und kauft sich eine große Tüte.
b) Was tun Peer und seine Eltern? Sie schlendern über den Jahrmarkt. Was

tut Peer? Er fragt seinen Vater nach Pommes Frites. Was tut Peers Vater? Er nickt und nimmt seine Geldbörse heraus. Was tut Peer? Er geht zum Stand mit den Pommes und kauft sich eine große Tüte.

Übung 38

Heute haben wir keine Hausaufgaben auf. Lass das! Darf ich mal vorbei? Mein Vogel heißt Hansi. Das darfst du nicht! Wo ist deine Mutter? Ich gehe nach der Schule in den Zirkus. Ich habe Hunger. Kommst du mit? Bitte geh aus dem Weg!

Übung 39

Magst du Spinat? Mein Fahrrad ist gelb. Hör damit auf! Darf dein Bruder mit deinem Spielzeug spielen? Sei bitte leise! Wann ist die Schule aus? Ich finde Mathe langweilig. Weshalb ist Marie traurig?

Übung 41

Am Bahnhof
Familie Meier eilt durch die Bahnhofshalle. Der Schaffner ruft: „Alles einsteigen, bitte!" „Schnell, Mama!", bittet Julika und zieht ihre Mutter am Ärmel. Mama antwortet: „Ich beeile mich, Julika. Unsere Koffer sind schwer." „Ihr könntet mir ein wenig beim Tragen helfen", sagt Papa. Timo meint: „Ich trage schon meinen Rucksack, der ist so schwer." Der Schaffner ruft: „Der Zug fährt jetzt los. Bitte zur Seite treten!" „Oh nein", jammert die Familie, „nun müssen wir auf den nächsten Zug warten."

Übung 42

Sina feiert Geburtstag. „Es gibt Essen!", ruft Papa. „Juhu! Es gibt Spaghetti mit Hackbällchen!", schreien die Kinder. Papa ermahnt: „Bitte passt mit der Soße auf, Kinder!" Nach dem Essen werden jede Menge Spiele gespielt. Am Abend sind die Kinder sehr müde. Ina sagt: „Danke für die tolle Party, Sina!"

Aufgabe 13

„Ich gehe heute nicht zur Schule!", sagt Marie. „Hast du Hausaufgaben auf?", fragt Mama. Oma verspricht: „Morgen komme ich!" Papa ruft: „Gregor, räum dein Zimmer auf!"

Aufgabe 14

a) Peer rennt. Opa lacht. Mama kocht Gemüsesuppe. Der Hund jagt die Maus. Frau Schulze trägt die Zeitungen aus. Mein Kaninchen liebt Möhren.
b) Wer rennt? Wer lacht? Wer kocht Gemüsesuppe? Wer jagt die Maus? Wer trägt die Zeitungen aus? Wer liebt Möhren?

Aufgabe 15

Eine Krankenschwester pflegt. Ein Lehrer unterrichtet. Eine Schneiderin näht. Eine Sängerin singt. Ein Bäcker backt. Ein Schauspieler spielt.

Aufgabe 16

Ist Sinas Hund weggelaufen? Sinas Hund ist weggelaufen.
Mag Timo Pizza? Timo mag Pizza.
Hast du morgen Geburtstag?
Morgen hast du Geburtstag.
Geht Anna in die dritte Klasse?
Anna geht in die dritte Klasse.
Singt der Papagei ein schönes Lied?
Der Papagei singt ein schönes Lied.

Übung 43

Nomen sind:
Haselnuss, Hannelore, Feuermann, Kälte, Frechheit, Herr Holtz, Schrank, Lisa, Traurigkeit, Bodensee, Herbert, Stühle

Übung 44

a) die Heizung: 1, 2, 3
b) viele Tiere: 2
c) das Brandenburger Tor: 1, 2, 4
d) die Einsamkeit: 1, 3
e) ein Fußboden: 1, 2
f) Sauberkeit: 3
g) das Erlebnis: 1, 2, 3
h) Frau Wagner: 4
i) eine Schatztruhe: 1, 2

Übung 45

Lieber Peer,
ich schreibe dir von Oma und Opa aus diesen Brief. Schade, dass du nicht mitkommen konntest. Das Wetter ist sehr schön, und Oma und Opa haben sehr viel Eis eingekauft. Ich habe schon richtig Bauchschmerzen bekommen, weil ich so viel davon verputzt habe. Im Garten hat Opa für uns eine Schaukel aufgestellt. Man kann so hoch schaukeln, dass man bei den Nachbarn in die Fenster schauen kann. Das ist sehr lustig. Ich muss jetzt leider aufhören, weil wir essen wollen. Oma hat einen Pilzauflauf gekocht.
Deine Lilli

Aufgabe 17

Liebe Lilli,
danke für deinen lieben Brief. Ich habe mich sehr gefreut. Ich war aber auch etwas neidisch, als ich von dem vielen Eis gelesen habe. **W**ie sieht die **S**chaukel denn aus? Ist sie so richtig **g**roß und aus **H**olz? Weil ich etwas **t**raurig war, dass ich nicht mitfahren konnte, durfte ich gestern mit **P**apa zur **A**rbeit fahren und ihm zusehen. Das war vielleicht spannend! Es kam sogar ein Einsatz herein und Papa musste ausrücken. Ich habe so lange bei Frau Schulz **g**ewartet. Als Papa und seine Kollegen zurück waren, haben sie mir alles über den Brand erzählt. So, nun muss ich **S**chluss machen. Grüß Oma und **O**pa ganz lieb von mir.
Dein **P**eer

Aufgabe 18

Nomen: Tier, Zeit, Küche, Sorge
Überschriften: Was
Satzanfänge: Unsere, Doch, Meine

Übung 47

Saft – Haft; Holz – Mond; Fisch – Ring; Netz – Stern; Mund – Fuß

Übung 49

a) Topf; b) Meer; c) Zaun; d) Ball; e) Stuhl
f) Regal; g) Supermarkt; h) Freund

Übung 50

Beispiellösung:
a + e: Kater, Vase; o + e: Dose, Boden
i + e: Tiger, Ritter; u + e: Blume, Stube
e + e: Herren, stehen; o + a: Sofa, Cola

Übung 51

Waage, Regen, schlafen, Sofa, Knie, Küche, Stuhl, kühl; fressen, schlittern, bellen, schlapp, Fratze, schleppen, raffen, Ratte, Platz

Übung 52

langer betonter Vokal: Riese, Saal, ~~Kissen~~, ~~Schlachter~~, Boden, Tapete
kurzer betonter Vokal: Mund, ~~Schlag~~, Kette, Rechner, fassen, ~~Wal~~

Übung 53

putzen, strecken, schluchzen, Glatze, Platz, Rache, Rücken, lächeln, quatschen, Katze

Übung 55

stricken, witzig, nicken, Schnecke, Tatze, sitzen, blitzen (blitzen), Krücken, sticken, Glatze

Übung 56

a) Huhn; b) Ohr; c) Stuhl;
d) Kohl; e) Fahne; f) Uhr

Übung 57

uh: Stuhl; eh: Verkehr, Fehler, ehrlich, Mehl; ah: Gefahr, Rahmen, Zahn, Jahr, Vorfahrt, Wahl; oh: Rohr, ohne, Lohn

Übung 58

Klasse: 2; Gans: 2; fressen: 2; pfuschen: 3; schimpfen: 3; klatschen: 4; Fenster: 3; Riff: 2; Wolle: 2; Kante: 2; rütteln: 2

Übung 59

Beispiellösung: Tisch – Fisch; Kanne – Wanne; zurren – murren; Stamm – Kamm; sperren – zerren; Ross – Schloss; Keller – Teller; Schlüssel – Rüssel

Aufgabe 19

Schule, tanzen, Tische, Kaffee; Küchen, kichern, schlottern; Wale, lachen, küssen, Flure

Aufgabe 20

Ente, packen, helfen, Decke, Sack, dick

Aufgabe 21

Dackel, Ekel, wackeln, schick, Windpocken, quaken

Aufgabe 22

lesen, fahren, Ziel, loben, Ohren, Zahn, grün, Wa(h)l

Aufgabe 23

Zwei Konsonanten: Schlüssel, Rennen, Tanne, schlaff, Kamm
Drei Konsonanten und mehr: Kampf, dampfen, klatschen, wischen, Schlumpf

Übung 60

kühlen – Kühlschrank – kühl; Fantasie – fantasieren – fantastisch; Zahnarzt – Zähne – Zahn – zahnen; kommen – kam – vorkommen – kamen

Übung 61

Beispiellösung: Sitz: sitzen, saß; Klasse: klassisch, Parallelklasse; kämpfen: Kampf, kämpfte; schlafen: schlief, Schlafsofa; lachen: lachten, Gelächter

Übung 62

sehen – aussehen – einsehen
geben – abgeben – aufgeben
fühlen – Gefühl – gefühllos

Übung 64

rannten – rennen; saß – sitzen; Tantchen – Tante; Garten – Gärtner; Häschen – Hase; lief – laufen

Übung 65

abschließen, abgeben, abgehen, abschreiben, abschieben, abwischen, abschneiden, abtippen, abstellen, abblasen; ausschließen, auslaufen, ausgeben, auslachen, austauschen, ausgehen, ausschreiben, auswischen, ausschneiden, auspusten, ausstellen, ausblasen; wegschließen, weglaufen, weggeben, weggehen, wegschieben, wegwischen, wegschneiden, wegstellen, wegblasen

Übung 67

kindisch – Kind; wöchentlich – Woche; zügig – Zug; glücklich – Glück; neblig – Nebel; steinig – Stein; süßlich – Süße; ungiftig – Gift

Übung 68

Beispiellösung:
Geist – unheimlich; Hund – friedlich; Zaun – grünlich; Mann – kräftig; Lehrerin – reundlich; Dorf – malerisch

Aufgabe 24

Zaun, einzäunen, Zaunpfahl; brennen, brannte, verbrannt; Verbindung, binden, Band

Aufgabe 25

Druck: drücken, abdrücken, drucken, verdrücken usw.; **denken:** Gedanke, dachte, Andacht, andächtig usw.; **tragen:** Vertrag, trug, trägt, Ertrag usw.

Aufgabe 26

Zum Beispiel:
auslachen, abfahren, wegwischen usw.

Aufgabe 27

Zum Beispiel:
abbauen, weggeben, aussuchen usw.

Aufgabe 28

Zum Beispiel:
endlich, massig, englisch, unglaublich, wenig, kindisch

Aufgabe 29

traurig, verschwenderisch, unfreundlich, friedlich, anhänglich, selig

Übung 69

1. Dreirad; 2. einsammeln; 3. Frankreich
4. Gymnastik; 5. Harz; 6. Kammer
7. lautstark; 8. Patenonkel; 9. Sauerstoff
10. Ungeduld

Übung 71

1. Kammer; 2. Kammerjäger
3. Kammerkonzert; 4. Kammerorchester
5. Kammersänger; 6. Kammerspiel
7. Kammerzofe; 8. Kampagne

Übung 72

Die Lösung lautet: Gut gemacht!

Übung 73

baden – Wanne; Ring – Finger;
hell – gelb; Zaun – König; auf – tragen;
Taschen – Lampe

Übung 74

Kochtopf, Telefonnummer, Schreibtischlampe, Regenwald

Übung 75

Hand, schlafen, Stadt, eng, schlimm, Baum, sagen, Band, Lamm, stürzen, Gast, gesund, Bad, alt

Aufgabe 30

Bauarbeiter, Bauch, Donner, Familie, Firma, Iglu, links, Märchenbuch, Muster, Radio, Zeit

Aufgabe 31

a) Gans 1; Haus 2; Igel 4; Hammer 3; Mutter 5
b) Feder 2; Maus 3; Biber 1; Nagel 4; Vieh 5
c) Suppe 1; Wasser 2; Wiege 3; Zucker 5; Zettel 4

Aufgabe 32

Weg, jünger, Baum, kochten, kälter, Küche, flott, sauste, pflückte, Arm, bügeln, strickten

Aufgabe 33

essen + Tisch; sechs + Ecke; Kachel + Ofen; Liebling + Auto; Hund + Elend; Kind + Liebe/lieb; daneben + liegen

Aufgabe 34

danebenliegen, Esstisch, hundeelend, Kachelofen, kinderlieb, Lieblingsauto, Sechseck

Übung 76

Julian, Anna und Timo sind auf dem Weg zur Schule. Anna erzählt den Jungs von ihrem neuen Meerschweinchen Fips. Weil Anna abgelenkt ist, sieht sie den großen LKW nicht kommen, und will über die Straße gehen. Zum Glück bemerkt Timo den LKW und hält Anna am Arm zurück.

Anna hat sich sehr erschreckt und muss sich an einer Haltestelle in der Nähe erst einmal hinsetzen, um sich zu beruhigen. Nach ein paar Minuten setzen die Kinder ihren Schulweg fort. In der Schule erzählt Anna ihren Mitschülern, was geschehen ist. Alle sind erleichtert, dass ihr nichts passiert ist.

Übung 78

Linke Seite:

a) Die Eltern von Peer und Lilli fahren in den Urlaub. Die Eltern von Peer und Lilli bringen Peer und Lilli für die Zeit des Urlaubs bei ihren Großeltern unter. Peer und Lilli freuen sich riesig auf die Zeit bei Peer und Lillis Großeltern.

Rechte Seite:

b) Die Eltern von Peer und Lilli fahren in den Urlaub. Sie bringen ihre Kinder für die Zeit des Urlaubs bei ihren Großeltern unter. Die Geschwister freuen sich riesig auf die Zeit bei Oma und Opa.

c) Die Eltern von Peer und Lilli: sie; Peer und Lilli: ihre Kinder; Peer und Lilli: die Geschwister; Peer und Lillis Großeltern: Oma und Opa

Übung 79

1. Bild: traurig, unglücklich, schwermütig, bekümmert
2. Bild: froh, freudestrahlend, gut gelaunt, fröhlich
3. Bild: nachdenklich, zweifelnd, fragend, unsicher
4. Bild: böse, erbost, zornig, wütend

Übung 80

Wenn ich verzweifelt bin, rufe ich:
„Oh, nein!", „Was für ein Pech!", „Ach du liebes bisschen"
Wenn ich überrascht bin, rufe ich:
„Huch!", „Hoppla!", „Na, so etwas!"
Wenn ich erfreut bin, rufe ich:
„Sehr schön!", „Toll!", „Juhu!"

Übung 82

Zum Beispiel:
Timo und der Elefant

Übung 84

„Hast du nicht in der letzten Woche eine Mathearbeit geschrieben?", **erkundigt sich** Finns Mutter. „Kann schon sein", **antwortet** Finn. „Und? Wie lautet das Ergebnis?", **fragt** Mutter. Finn tut so, als hätte er die Frage nicht gehört, denn Finn weiß, dass seine Mutter nicht erfreut sein wird. „Finn!", **ruft** sie, „bring mir doch mal bitte dein Arbeitsheft in die Küche!" Finn gehorcht, denn es bleibt nicht viel anderes übrig. Seine Mutter schlägt das Heft auf und **mahnt:** „Ach du meine Güte! Eine Fünf! Wie konnte das passieren?"

Übung 85

Mein liebster Freund ist Anton. Er ist der beste Spielkamerad, den ich habe. Manchmal darf er bei uns schlafen. Meistens schläft er dann auf einer Luftmatratze neben meinem Bett. Wir erzählen uns dann bis spät in die Nacht Gruselgeschichten.

Aufgabe 36

Beispiellösung:
Der Indianerjunge Weiße Feder reitet mit seinem Lieblingspferd Brauner Blitz aus. Er mag es, schnell zu reiten. Weiße Feders Eltern sagen oft: „Sei vorsichtig!". Sie machen sich Sorgen, dass ihm etwas passieren könnte. Weiße Feder findet, dass die Ratschläge seiner Eltern überflüssig sind. Er ist ein hervorragender Reiter und schließlich schon ein großer Indianer. Weiße Feder sagt dann oft zu seinen Eltern: „Macht euch keine Sorgen! Brauner Blitz wird mich schon beschützen!"

Übung 88

a) Einen Kuchen backen; b) Eine Kartoffel schälen; c) Einen Lappen auswringen; d) Gemüse putzen; e) Sahne schlagen

Übung 89

Kennst du ein anderes Wort für ...

a) hektisch: z.B. aufgeregt, unruhig
b) nachdenklich: z.B. verträumt
c) toben: z.B. lärmen, herumtollen
d) betrübt: z.B. traurig, unglücklich
e) preiswert: z.B. günstig, billig

Übung 90

1. rühren; 2. dazugeben, Masse; 3. – –
4. sieben; 5. – –; 6. Springform; 7. Sieb;
8. vorgeheizten

Aufgabe 38

Beispiellösung:

Zutaten: 500 g Quark, 1 Tasse Milch, ½ Zitrone, 2 EL Zucker
Den Quark in eine Schüssel geben und durchrühren. Anschließend die Milch dazugeben und unterrühren. Jetzt die Zitrone auspressen und den Saft ebenfalls in die Schüssel geben. Alles gut mischen. Als letztes den Zucker einrieseln lassen und nochmals gut umrühren. Guten Appetit!
(Die Reihenfolge ist aber in diesem Fall nicht so wichtig!)

Übung 91

Liebe Emilie, 18.01.2010
hiermit lade ich dich zu meiner Geburtstagsfeier am 14.02.2010 ein!
Bitte bring festes Schuhwerk mit und sei um 15.00 Uhr bei mir zu Hause in der Goethestraße 12. Falls du keine Zeit hast, sage bitte bis zum 10.02. ab. Ich freue mich auf eine nette Feier mit dir!
Viele Grüße, dein Robert

Übung 92

Es fehlen: Datum, Ort und Zeit der Feier, Name des Absenders

Übung 93

Liebe Mareike, 12.12.2009
hiermit lade ich dich zu meinem 10. Geburtstag ein. Die Feier findet am 10.01.2010 um 14.00 Uhr bei mir im Kuchenbäckerweg 14 statt.
Bitte sag mir bis zum 31.12.2009 Bescheid, ob du kommen kannst!
Viele Grüße, dein Fabio

Aufgabe 39

1) Das Datum des Tages, an dem der Brief geschrieben wurde
2) Eine höfliche Anrede
3) Eine Grußformel
4) Die Unterschrift des Absenders
5) Auf dem Umschlag stehen die Adressen des Empfängers und des Absenders.

Übung 95

Frau Rupert lebt in der Steinstraße 365. Sie kann sich ihre Hausnummer besonders gut merken, denn 365 Tage sind ein Jahr. Frau Rupert ist genau 89 Jahre und 154 Tage alt und hat einen Rauhaardackel namens Pauli. Pauli und sein Frauchen leben schon unendlich lange zusammen, zumindest verglichen mit der Dauer eines Hundelebens. Der kleine Dackel zog nämlich bereits mit 9 Wochen bei Frau Rupert ein und ist jetzt stolze 10 Jahre alt. Frau Rupert und Pauli haben nicht nur die gleiche Adresse, sie verbindet noch viel mehr: Sie mögen beide gern Schnitzel und schlafen meist sehr lange. Außerdem gehen sie gern spazieren und sehen sich sonntags immer einen Krimi an.

Übung 96

a) Elefanten sind die größten Landsäugetiere der Welt. Die Dickhäuter erlangen im Lauf ihres Lebens ein Gewicht von bis zu 4000 kg. Ihr Rüssel ist ein sehr vielseitiges Organ, mit dem sie nicht nur Gerüche wahrnehmen, sondern auch Pflanzen pflücken und Wasser aufsaugen können. Die großen Ohren regeln den Wärmehaushalt des Elefantenkörpers. Elefanten leben meist in Gruppen mit ungefähr sechs Tieren. Elefantenkinder werden circa vier Jahre von ihrer Mutter gesäugt. Die männlichen Elefanten, die Bullen, leben in der Regel allein oder in Bullenherden.

b) Elefanten können bis zu **4000 kg** wiegen. Mit ihrem Rüssel können die Tiere **Gerüche wahrnehmen, Pflanzen pflücken und Wasser aufsaugen.** Die Ohren regeln **den Wärmehaushalt des Elefantenkörpers.** Männliche Elefanten leben meistens **allein oder in Bullenherden.**

Übung 97

Frage 1:
Der Lehrer der 3c heißt Herr Scheuer.
Frage 2:
Jedes Kind hat bei Abfahrt einen Beutel bei sich.
Frage 3:
Die Fahrt dauert eine halbe Stunde.

Übung 98

Womit möchten die Kinder den Beutel füllen? Mit Fundstücken aus dem Wald.
Wie riecht es im Wald?
Es riecht wunderbar frisch im Wald.
Wer hat ein ganz besonderes Blatt entdeckt? Sandra hat ein ganz besonderes Blatt entdeckt.
Wer ergattert eine große Buchecker?
Tom ergattert eine große Buchecker.

Übung 99

Beuteltiere, 2 m, Schwanz, Durst, Nahrungssuche, Beutel

Übung 102

Justus und Dennis mögen Krimis. Wenn ihre Eltern es erlauben, sehen sie sich spannende Filme an und raten mit, wer der Übeltäter sein könnte.
Einmal waren Justus und Dennis selbst in einen Fall verwickelt, denn sie hatten beobachtet, wie ein großer dunkelhaariger Mann vor dem Fenster ihrer Nachbarin Frau Otte herumschlich. Die beiden Jungen versteckten sich im Gebüsch und entschlossen sich, den Mann vorerst zu beobachten. Er schlich hin und her und sah sich dabei immer wieder um. Dann plötzlich sprang er an der Fensterbank hoch und stützte sich auf, um kurze Zeit später durch das offene Fenster einzusteigen. Da war Justus und Dennis klar, dass sie handeln mussten. Sie liefen, so schnell sie konnten, zu Justus' Eltern, und diese alarmierten aus Sorge um die hilflose Frau Otte die Polizei. Als die Polizei eintraf und Frau Ottes Wohnung stürmte, trauten die Polizisten ihren Augen nicht: Frau Otte saß seelenruhig auf dem Sofa und trank mit dem Übeltäter eine Tasse Tee.
Wie sich herausstellte, handelte es sich um Frau Ottes Neffen, der seine Tante nicht bei der Mittagsruhe stören wollte und deshalb nicht geklingelt hatte.
Trotzdem bekamen Justus und Dennis ein großes Lob von der Polizei und eine Tafel Schokolade von Frau Otte.

Übung 103

Anna fühlt sich **ungerecht** behandelt.
Dimitri ist **sauer** auf Anna.
Herr Söldner fühlt sich im **Recht**.

Übung 105

~~Inga und Ben sind beste Freunde.~~
Inga ist sauer auf Ben, weil er

selbstsüchtig ist und die großen Stelzen immer für sich haben will.
Ben verliert manchmal die Kontrolle über sich und schubst andere Kinder, falls ihm etwas nicht passt.
~~Inga findet, dass nur sie die Stelzen benutzen darf.~~
Ben versteht Inga nicht, denn wer zuerst am Korb ist, bekommt eben die Stelzen.
Inga möchte, dass jeder die Stelzen mal bekommen darf.
Ben fühlt sich ungerecht behandelt, da er die Stelzen nicht jede Pause benutzt, sondern nur manchmal.

Aufgabe 42

a) **Beispiellösung:**
Lina ist richtig gut gelaunt. Gestern hat sie einen Hund bekommen. Lina hat ihn Benno-Bello genannt, weil sie sich nicht zwischen den beiden Namen entscheiden konnte. Benno-Bello ist ein Bernhardiner und hat wunderbare braune Flecken und große treue Hundeaugen. Lina kennt Benno-Bello zwar noch nicht lange, aber sie hat schon herausgefunden, dass er Milch und Salami mag. Die Salami hat sie heimlich aus dem Kühlschrank genommen, denn eigentlich bekommt Benno-Bello ja Hundefutter. Heute Morgen beim Frühstück hat Papa die Salami gesucht, aber Lina hat behauptet, sie selbst gegessen zu haben. Lina hält es fast gar nicht aus, wieder nach Hause zu ihrem neuen Vierbeiner zu kommen, und zappelt schon den ganzen Vormittag auf ihrem Stuhl herum. Um eins ist es endlich so weit, und Mama steht mit Benno-Bello vor der Schule, um Lina abzuholen.

b) **Warum** hat Lina ihrem Hund den Doppelnamen Benno-Bello gegeben? Weil sie sich zwischen den beiden Namen nicht entscheiden konnte. **Welche** zwei Lebensmittel mag Benno-Bello? Er mag Milch und Salami. **Welcher** Rasse gehört Linas Hund an? Er ist ein Bernhardiner. **Was** hat Linas Vater beim Frühstück gesucht? Er hat die Salami gesucht. **Wann** steht Linas Mutter mit Benno-Bello vor der Schule? Sie stehen um eins vor der Schule.

Aufgabe 44

der Affe – die Affen; die Maus – die Mäuse; das Bett – die Betten;
der Vater – die Väter; der Schrank – die Schränke; der Teller – die Teller;
die Eltern (Hier gibt es nur die Mehrzahl.)

Aufgabe 45

ich kaufte ein – ich werde einkaufen;
du schriebst – du wirst schreiben;
er lief weg – er wird weglaufen;
sie sprangen – sie werden springen;
wir lasen vor – wir werden vorlesen;
ihr vergaßt – ihr werdet vergessen;
sie sammelten auf – sie werden aufsammeln

Aufgabe 46

Beispiellösung:
Haus – häuslich; Gedanke – gedanklich;
Winzling – winzig; Erbe – erblich;
Trauer – traurig; Freude – freudig

Aufgabe 47

a) Frau Tamms besitzt zwei Dackel.
b) Luisa fährt mit dem Fahrrad zur Schule.
c) Mein Meerschweinchen schläft tagsüber.
d) Ayshe vergisst nie ihre Hausaufgaben.

Aufgabe 48

a) Könntest du deiner Oma bitte die Tasche tragen?
b) Bring die Handtücher bitte ins Badezimmer!
c) Meistens bellt unser Hund, wenn Fremde an der Tür klingeln.
d) Hast du gehört, was die Lehrerin gesagt hat?

Aufgabe 49

a) Opa sagte: „Früher war alles anders."
b) „Ich habe keinen Hunger mehr", sagte Tanja.
c) „Wisch den Boden, Emil!", rief Mutter.
d) „Hast du noch einen Bleistift für mich?", fragte Herr Teuer.

Aufgabe 50

Mutter, Lehrerin, Auto, Bügelbrett, Computer, Frau Meier

Aufgabe 51

dehnen, schlafen, Ahnung, Tag, Saal, wir

Aufgabe 52

Ecke, Druck, Krokus, Jacke, Schreck, Keks

Aufgabe 53

Beispiellösung:
Blick: blicken, Augenblick; schenken: Geschenk, geschenkt; Spiel: verspielt, spielend; salzig: Salz, versalzen

Aufgabe 54

Beispiellösung:
abwaschen, auslachen, wegpacken, wegrennen, auslaufen, abschneiden

Aufgabe 55

Baumstamm, Besen, Einladung, frieren, Gitter, Hotel, Jahreszeit; Kilogramm, Muschel, November, quietschen, Tante

Aufgabe 56

am ältesten: alt; grüner: grün;
versuchte: versuchen; lauter: laut;
rief: rufen; gingen: gehen;
niedlicher: niedlich;
am schnellsten: schnell;
schneite: schneien
fuhr: fahren

Aufgabe 57

Beispiellösung:
„Heute spielen wir Fußball", verkündete Frau Timm. „Ich wünsche mir einen neuen Hund", bettelte Isa. „Draußen ist es sehr kalt", mahnte Papa.

Aufgabe 58

Beispiellösung:
a) Juhu! Super! Jippi!
b) Hoppla! Nanu! Na sowas!

Aufgabe 60

Beispiellösung:
Bei dem abgebildeten Tier handelt es sich um ein Eichhörnchen, das gerade an einer Nuss knabbert. Sein Fell ist rotbraun und am Bauch weiß. Es hat einen buschigen Schwanz, spitze Ohren und schwarze Knopfaugen.

Aufgabe 61

Beispiellösung:
200 g weiche Butter in eine Schüssel geben und mit 120 g Zucker verrühren. Ein Ei dazugeben und mit einem Mixer gut durchmischen. Dann 200 g Mehl und 1 Tüte Backpulver sieben und unter den Teig rühren. Zum Schluss 250 g Schokoflocken dazugeben und gut vermengen. Den Teig anschließend bei 180 °C 45 Minuten backen.

Aufgabe 62

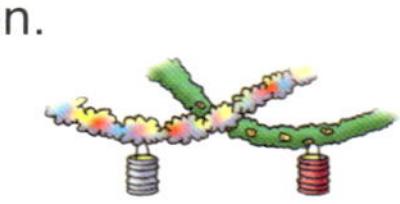

Beispiellösung:
Liebe Kerstin, 16.01.2010
hiermit lade ich dich zu meinem 10. Geburtstag ein. Die Feier findet am 14.02.2010 um 16 Uhr bei mir im Kirchenweg 15 statt. Ich würde mich freuen, wenn du kommst!
Viele Grüße, deine Lilli

Aufgabe 64

a) Emil ist sehr aufgeregt, denn er kommt heute in eine neue Klasse. Eigentlich wohnt Emil in Norwegen, aber sein Vater hat in Deutschland einen guten Arbeitsplatz gefunden, und die Familie ist mit ihm in das fremde Land gezogen. Emil war erst sehr wütend auf seine Eltern, denn sie hatten überhaupt nicht gefragt, wie er es finden würde, in Deutschland zu leben. Aber nach und nach hatte Emil sich mit dem Gedanken angefreundet, und bald freute er sich sogar.
Heute allerdings ist Emil eher zum Weinen zumute, denn er steht vor 26 neugierigen Augenpaaren, die ihn interessiert mustern. Die Lehrerin, Frau Matz, stellt Emil vor, und sofort bieten ihm zwei Jungen einen Platz an. Auch die anderen Schüler sehen freundlich aus. Der Junge aus Norwegen findet Deutschland plötzlich richtig toll und ist gespannt, was ihn alles erwartet. Als er nach Hause kommt, freut er sich schon richtig auf den nächsten Schultag in seiner neuen Klasse.

b) Woher kommen Emil und seine Familie? **Emil und seine Familie kommen aus Norwegen.**
Wie heißt Emils neue Lehrerin? **Emils neue Lehrerin heißt Frau Matz.**
Wieviele Kinder sind in Emils neuer Klasse? **In Emils neuer Klasse sind 26 Schüler.**
Wie hat Emil zuerst auf die Nachricht vom Umzug reagiert? **Emil war zuerst sehr wütend.**

Aufgabe 66

Am besten passt Überschrift c):
Die Ameise und die Taube

Aufgabe 67

Die folgenden Adjektive beschreiben die Ameise gut:
a) hilfsbereit; d) klug; e) gewitzt

Aufgabe 68

1) Eine Taube saß an einem kleinen Bach und trank etwas.
2) Die Taube überlegte nicht lange und brach einen Grashalm ab, um der Ameise eine Brücke zu bauen.
3) Er erblickte die schlafende Taube und spannte siegessicher seinen mitgebrachten Bogen.
4) Die kleine Ameise saß zufrieden in ihrem Versteck und freute sich …

Aufgabe 69

Der Mann **schrie** auf und **schlug** nach der kleinen Ameise, die aber schon längst wieder verschwunden **war.** Der Schrei des Mannes **schreckte** die Taube auf, die wild flatternd **floh.** Die kleine Ameise **saß** zufrieden in ihrem Versteck und **freute** sich, dass sie sich auf diese Art bei der Taube **bedanken konnte.**

Aufgabe 70

a) stehlen, klauen, ~~fangen~~, berauben, räubern
b) schreiben, notieren, ~~nachsehen~~, aufschreiben, vermerken
c) strahlen, erhellen, funkeln, ~~verdunkeln~~, beleuchten

Aufgabe 71

saß: sitzen; schwamm: schwimmen; brach: brechen; brachte: bringen